Zeugen ihrer Zeit

Bedeutende Persönlichkeiten von 800 - 1750

Dittker Slark

Elisabeth Linnig
Verlag Kunst + Literatur
Darmstadt 2013

64291 Darmstadt Postfach 230161
Herstellung und Verlag:
Books on Demand, Norderstedt
ISBN 978-3-925591-29-7

Zeugen ihrer Zeit

Damit sind Menschen gemeint, die in ihrem Wirken und Schaffen in jener Epoche, in der sie lebten, Bedeutendes in Literatur, Kunst, Kultur und Wissenschaft geleistet haben. Sie setzten damit für die Menschheitsgeschichte und für sich selbst Denkmale zur bleibenden Erinnerung.
Band 1 dieses Werkes befaßt sich mit Persönlichkeiten, die zwischen 800 bis 1750 geboren wurden, von **Walafried Strabo** bis **Friedrich Reichsgraf zu Stolberg-Stolberg.**
Die Auswahl erfolgte weder zufällig noch nach einem besonderen System. Es handelt sich um keine Literaturgeschichte. An eine Vollständigkeit berühmter Menschen war nicht gedacht. So gibt es keine Kapitel über **Johann Wolfgang von Goethe, Johann Sebastian Bach** oder **Georg Friedrich Händel.** Über diese Genies wurden zahlreiche ausführliche und ausgezeichnete Schriften und Bücher verfaßt, so daß ich keine mittelmäßigen Beiträge hinzufügen mochte. Jedoch begegnen wir Ihnen natürlich in Essays über andere Persönlichkeiten (siehe Register).
Meine biographischen Texte entstanden größtenteils durch persönliches Interesse für bestimmte Menschen, wobei meist wichtige Gedenktage an ihre Geburt oder ihren Tod Richtschnur waren, mich ausführlich mit ihnen zu beschäftigen.
So handelt es sich hier zum Beispiel um Philosophen wie **Immanuel Kant** oder **Gottfried Wilhelm Leibniz,** Komponisten wie **Michael Praetorius, Heinrich Schütz** oder **Johann Adolf Hasse,** Reformer der Pädagogik wie **Johann Bernhard Basedow** oder **Johann Heinrich Pestalozzi,** Gestalter der Theaterwelt wie die **"Neuberin"** oder **Johann Christoph Gottsched,** Die Forscherin und Malerin **Maria Sibylla Merian** oder die Förderin der Künste: **Caroline Große Landgräfin von Hessen-Darmstadt,** und natürlich vor allem auch um Dichter und Schriftsteller wie **Johann Christoph von Grimmelshausen, Friedrich Gottlob Klopstock** oder **Christoph Martin Wieland** sowie den Minnesänger **Hartmann von Aue.**

(Dittker Slark)

Ein Deutscher mit weltweitem Gemüt

Dem Poet und Gelehrten Walahfried Strabo zum 1150. Todestag

Der erste schwäbische Dichter, Walahfried Strabo, dessen poetischen Vorbilder die bedeutendsten römischen Dichter waren, schrieb seine Werke in reimfreiem, aber bestem klassischen Stil. Neben geistlichen Liedern und Gesängen sowie Hofgedichten und Anekdoten aus dem Kloster- und Volksleben, schuf er Heiligen-Versviten und Briefgedichte und verfaßte natürlich als gelehrter Benediktinermönch auch theologische Schriften, liturgische und exegetische Abhandlungen wie die "Glossa ordinaria" - erklärende Randglossen zur Bibel. Zwar dichtete und schrieb Walahfried in lateinischer Sprache, redete jedoch im Dialekt seiner Heimat schwäbisch-alemannisch.

Walahfried Strabo (auch Walahfrid Strabus), d.h. "der Schielende", wurde um 808 als Kind "namenloser" Eltern in Schwaben geboren. Er selbst nannte sich "Schwabensohn". Der zarte Knabe erklomm die klösterliche Lebensleiter vom Schüler über den Novizen und Bruder bis zum Abt. Seine Studienjahre von 826 bis 829 bei dem berühmten Leiter der Klosterschule in Fulda Hrabanus Maurus, ließen den lernbegierigen Jüngling neben seinem Lehrmeister zum bedeutendsten Gelehrten Deutschlands im 9.Jahrhundert heranreifen. Nachdem Hrabanus Maurus seine theologische Lehranstalt in Fulda zur angesehensten Deutschlands entwickelt hatte, erreichte Walahfried Strabo wenig später diese erstrangige Bedeutung für sein Benediktinerstift auf der Reichenau im Bodensee. Erst in der 2.Hälfte des 9.Jahrhunderts gelang es Abt Hartmut - auch er war Schüler des Hrabanus - diese Vorrangstellung im Reich für die aus der Klause des heiligen Gallus entstandene Abtei in St.Gallen zu gewinnen.

Bereits in Fulda beschrieb um 826 Walahfried in seiner

Hagiographie das Leben des heiligen Gallus. Oft habe ihn "Wetti der Seher" in der Nacht zu sich gerufen und "der Knabenimmt die Worte von seinem zitternden Munde und bildet sie zu Gedichten" (Georg Schwarz), der "Visio Wettini".
829 wurde Walahfried Strabo von Karl II., dem Kahlen, als Hofmeister nach Aachen berufen. 838 ernannte ihn Ludwig I., der Fromme, zum Abt des Benediktinerstiftes auf der Insel Reichenau. Dank des genialen Theologen und Poeten erwarb sich das paradiesische Eiland im See den Ruf als Ausgangsort der Dichtung und des Gesangs. Die "selige Insel" gab Walahfried alles, was er bedurfte: "Wurzel in Volk und Heimat, Tätigkeit und Andacht, himmlische Ahnung und irdische Wohlgeborgenheit" (Georg Schwarz). Hier dichtete er 843 sein schönstes Werk:"De cultura hortorum", auch als "Hortulus" bezeichnet, Schilderungen des Reichenauer Klostergartens, eine liebenswürdige Verssammlung über Blumen und Pflanzen. In diesem Kompendium des botanisch-medizinischen Volkswissens erzählt der Abt in gemütvoller Betrachtung in Hexametern von der Schönheit und Nutzbarkeit des Gartens und gibt dabei seine Erkenntnisse und Erfahrungen wieder, so, daß Menschen und Pflanzen aus dem gleichen "Lebensurgrund" erschaffen wurden. Otto Rombach äußerte einmal hierzu: "wie er (Walahfried) mit seinem "Hortulus" über die Zeiten hinweg als Beispiel gewirkt hat, das erlebt man nun ringsherum".

Doch war Walahfried Strabos Leben nicht nur geruhsames, beschauliches Klosterdasein, denn er war zeitweilig ein rastloser Wanderer, einer, den das Schicksal im Land umhertrieb, ausgewiesen als "Ketzer", ein Los,das er mit dem Mönch Gottschalk teilte, da dieser durch seine Lehre von der doppelten Prädestination (zur Seligkeit und zur Verdammnis) lebenslange Kerkerhaft verbüßen mußte. Walahfried, der Verbannte, fand zwischen 840 und 842 Zuflucht in Speyer. Verständlich, daß er die

Stadt am Rhein pries mit den Worten: "...heute mir lieblicher Du als lieblichste Orte". Doch was das Leben ihm auch brachte: Glück oder Unglück, Walahfried Strabo blieb sich getreu, er war ein "Deutscher mit weltweitem Gemüt, bewußter Sohn des Abendlandes... dem antiken Erbe so gut verpflichtet wie der christlichen Aufgabe, der Vergeistigung des Lebens" (G.Schwarz).
Eine Gesandtschaftsreise zu Karl dem Kahlen wurde ihm zum Verhängnis. 849, am 18.August - vor nunmehr 1150 Jahren - ertrank Walahfried Strabo in den Fluten der Loire.

Ritter und Minnesänger

Hartmann von Aue zum 800.Todestag

Daß Hartmann von Aue, Minnesänger und einer der berühmtesten Dichter der "mittelhochdeutschen Klassik" ein Schwabe war, ist bekannt. Lange wurde jedoch darüber gestritten, in welchem "Ouwe" der "ritter und dienstmann" um 1200 lebte. Ansprüche meldeten an: Owen unter Teck,die Insel Reichenau, Weißenau bei Ravensburg, Eglisau nahe Schaffhausen und Au bei Freiburg im Breisgau - aber ohne Beweise. Da als "Schwaben" zu jener Zeit nur noch "Innerschwaben" galt, wuchs die Erkenntnis: Hartmann mußte aus Obernau im oberen Neckartal stammen.
Inzwischen hat nun der Freiburger Historiker Dr.Hans Harter aufgrund von Forschungen festgestellt: Hartmann von Aue lebte und wirkte mit 99,5%iger Sicherheit in Obernau.
Da sein Tod auf die Zeit zwischen 1210-1220 geschätzt wird, hatte die kleine Stadt allen Grund, im Juni 2010 Hartmanns 800.Todestag zu feiern. Geboren wurde der wackere Schwabe um 1165. Es gibt leider nur wenige Mitteilungen über sein Leben oder zur Person des Minnesängers. Doch spricht er in seinem Werk über sich:

"Ein ritter so geleret was
Daz er an den Buochen las,
Swaz er daran geschriben vant
Der was Hartmann genannt,
Dienstmann was er ze Ouwe."

Hartmann der Ouwaere genoß nach Art und Sitte des Mittelalters eine römisch-christliche Bildung, vermutlich in einer Klosterschule. Er sprach Lateinisch und Französisch und kannte die klassische lateinische Dichtung von Vergil, Ovid u.a. und des geistlichen Schrifttums. Schon als Jüngling verehrte er die Frauen, huligte mit

Minneliedern einer Dame in höfischer Lyrik, die er "geschickt und gefällig zu gestalten" vermochte. So dichtete er ein Gespräch zwischen Seele und Leib - ein poetisches Sendschreiben in einem sogenannten "Büchlein", wie es in der Minnedichtung üblich war. U.a. beklagt er: "bei höfischen Frauen wenig Glück gefunden" zu haben und deshalb "lieber mit armen wiben sich die Zeit vertreiben wolle."

Die Freiherren von Aue, in dessen Diensten Hartmann stand, müssen selbst Freunde der Dichtkunst gewesen sein, da sie dem jungen Ritter gönnten, "daß vor dem Drängen nach ritterlicher Kunst, ritterliche Taten und Ruhm zurücktreten mußten", (Vogt/Koch.)

Hartmann von Aue wohnte vermutlich in einem Schlößchen zu Obernau in der Wehranlage, wo schon im 11./12.Jahrhundert die Edelfreien von Ouwe lebten, spätere Ritter("miles"). Durch den Erweiterungsdrang der Grafen von Hohenberg gerieten sie später durch Lehensnahme als Dienstmannschaft in deren Abhängigkeit. Dadurch muß Hartmann von Aue Ministerialer der Brüder Burkhard I.und Friedrich von Hohenberg geworden sein. Beide waren am Hofe Kaiser Friedrich I. Barbarossa und Kaiser Heinrich IV., hatten Verbindung zu literarischen Kreisen, kannten Minnesänger und deren Gönner und konnten deshalb sicherlich für Hartmann nützliche Verbindungen herstellen.

Der Tod des Dienstherren muß Hartmann so erschüttert haben, daß er nicht nur ein Klagelied verfaßte:

"Seit meinen Herren hat gefällt
des Todes Streich, wie's nach ihm
steht auf dieser Welt,
das gilt mir gleich.
All meiner Freuden besten Teil
hat er dahin.
Nur nach der Seele ew'gen Heil
steh' jetzt mein Sinn.
Kann's auch der seinen frommen,

daß ich das Kreuz genommen,
sei sein der halbe Lohn:
mög' ich ihn sehn vor Gottes Thron!"

Hartmann von Aue verabschiedete sich von der Heimat und somit auch vom Minnesang. Fortan huldigte er der"Gottesminne". Er beteiligte sich an einem Kreuzzug - ob 1197/98 oder schon 1189/90 (mit Barbarossa) ist nicht genau festzustellen. Nach seiner Rückkehr soll er in Frankreich gelebt haben. Gottfried von Straßburg lobte von Aue um 1210 in seinem "Tristan":

"Wie lauter und rein
Sind seine kristallenen Wörtelein.
Sanft nahen sie dem Mann
Und schmiegen sich ihm an."

Hartmann von Aue war auch ein Zeitkritiker. "Sein klarer durch rhetorische Stilmittel geprägter Versstil wurde Vorbild für spätere Dichtergenerationen" (Meyers gr.Tasch. Lex.) So konnte ihn im 19.Jahrundert Ludwig Uhland Hartmann "den mildesten und innigsten unter den altdeutschen Dichtern" nennen. Er war indessen nicht nur ein bedeutender Lyriker als Kreuzlied- und Minnesänger, sondern er erwarb sich auch eine hohe Anerkennung als Epiker.Er dichtete "zur Freude, Unterhaltung und Erholung seiner Landsleute". Auch wollte er den Deutschen die Artusromane des altfranzösischen Dichters Chrêtiens de Troyes(geb.vor 1150 und gestorben vor 1190) vermitteln. Hierzu bearbeitete er die beiden Werke des Franzosen: "Erec" und"Iwein" (entst.um 1191, 1202). Beide waren Ritter der Tafelrunde an König Artus' Hof. Erec gewinnt als Sieger eines Turniers die schöne Enide und nimmt sie mit auf seine Abenteuer-Reisen. Er fordert von ihr, sie möge nie an seiner Taferkeit zweifeln. Unterwegs habe sie nicht mit ihm zu sprechen. Als Erec jedoch in Lebensgefahr gerät,mißachtet Enide sein Gebot, um ihn zu retten. Er vergibt ihr. Gemeinsam treten sie die Heimreise an. - Iwein sucht einen gefährlichen Zauberbrunnen, übersteht viele Abenteuer mit Drachen und Riesen siegreich, bekommt eine holde Frau und findet den Weg zurück an König Artus' Hof.

Auf Hartmanns dramatischstes und wohl auch interessantetes Werk "Gregorius auf dem Stein" - auch "Gregorius oder der gute Sünder" - (um 1200), kommen wir noch beim Fest für den Minnesänger in Obernau zu sprechen."`Erec´ zeigt noch jugendliche Unvollkommenheit aber `Iwein´ist ein wahrhaft klassisches Werk von bewunderungswürdig leichtem Redefluß, vollendeter Durchbildung und Klarheit, merkwürdiger Freiheit und Mannigfaltigkeit des Vortrages". (s.Wilhelm Scherer).

Weniger in seinem Wert erkannt wurde damals im MittelalterHartmanns meisterliches Versgedicht "Der arme Heinrich" (zwischen 1194-98). Die in deutscher Sprache geschriebene Geschichte rührt Herz und Sinn an:

Der vom Aussatz befallene Ritter Heinrich zweifelt an der Güte Gottes. Von einem Wundarzt erfährt er, wie er geheilt werden könne. Durch den Opfertod einer Jungfrau. Die Tochter eines Pächters, noch ein Kind, will sich für den guten Herrn ihrer Eltern opfern. Sie begleitet Heinrich nach Salerno. Doch als die Tötung vollzogen werden soll, weigert er sich, das Opfer des Mädchens anzunehmen. Da wird er durch ein Gotteswunder geheilt und heiratet es später aus dankbarer Liebe.

"sin swebendez herze daz verswanc;
sin swimmendin fröude ertranc,
sin hochvart muoste vallen,
sin honic wart ze gallen..."

Gerühmt wurde immer wieder Hartmanns "klare, sorgfältig gepflegte Reim- und Sprachkunst" (Kayser), und daß er zum ersten Mal "geistliche Stoffe legendär, gelehrt, vergeistigt, dem klassischen Ideal der 'mâze' (Mäßigung) huldigend" dargeboten habe. (Kindermann/Dietrich).

Fest zu Ehren des Dichters Hartmann von Aue

Obernau, die kleine Stadt am oberen Neckar bei Rottenburg, hatte am 12.Juni 2010 zur Ehrung des Minnesängers Hartmann von Aue zu einer "Zeitreise ins Mittelalter" eingeladen. Gäste aus nah und fern waren willkommen in der mittelalterlichen Welt des Ritters aus Obernau. Dank meines Freundes Dr.phil. Christian Hörburger - er hatte an der Planung und Gestaltung des Festes maßgeblich mitgewirkt - konnte ich diesen erlebnisreichen Tag mitfeiern. Einen großartigen Auftakt gewährte schon am Abend des 10.Juni 2010 der Vortrag des Rezitators Rudolf Guckesberger in der Zehntscheuer, einer Kulturstätte Rottenburgs. Er las aus Thomas Manns Roman "Der Erwählte". Th.Mann schrieb den Text nach dem Vers-Epos "Gregorius" des Hartmann von Aue. "Der Erwählte" ist eine ungewöhnliche Geschichte, gespickt mit schier unglaublichen Geschehnissen, einer prickelnden unerlaubten Erotik,"Verbotener Liebe":

Gregorius entstammt der Liebe fürstlicher Zwillingsgeschwister, wird in ein Fäßchen gelegt und einem Kahn anvertraut. Fischer ziehen ihn ans Land und übergeben den "Fund" einem Abt. Dieser sorgt väterlich für das Kind. Er läßt es bei Zieheltern aufwachsen und nimmt den Knaben in sein Kloster auf. Als Jüngling erfährt er seine Lebensgeschichte und begibt sich als Ritter auf die Suche nach seinen Eltern. Der Vater ist auf einer Bußwallfahrt ums Leben gekommen. Die Mutter soll als Herzogin gekrönt werden. Sie wird bedrängt, zu heiraten. Da ihr die Zuneigung des jungen Mannes gefällt, nimmt sie ihn als Gatten, nicht wissend, daß er ihr eigener Sohn ist. Die "Sünde" des Inszestes verdoppelt sich nun. Als beide sich dessen bewußt sind, trennen sie sich. Gregorius flieht auf eine Insel. Dort bleibt

er siebzehn Jahre angekettet an einem Felsen, nur ein Quell erhält ihn am Leben, bis Abgeordnete des Klerus aus Rom - sie hatten die Vision eines Lammes - ihn suchen und finden. Denn dieser Büßer soll Papst werden. So geschieht es auch. Erneut stehen sich Mutter/Gattin und Sohn/Gatte gegenüber und erkennen sich. Ihnen wird vergeben.
Eine große Schuld wurde durch wahre Reue gesühnt, "durch menschliche Buße und göttliche Gnade".

Der kleine mittelalterliche Markt im Ortskern von Obernau war am 12.Juni 2010 mit Blumen und Fahnen geschmückt. Bauern in Gewändern aus der Zeit um 1200, ließen sich nieder an offenen Feuerstellen. Ritter zeigten sich mit Kettenhemd und Helm, das Schwert an der Seite. Zum Spielmannszug gehörten die "Johanniter". Mit dem gemeinsamen Lied "Großer Gott, wir loben dich...",begann der Festtag mit der Einweihung eines Gedenksteines für Hartmann von Aue (ouwe Hartmann) - ein Ritter und Dienstmann, vor dem Eselsturm mit dem Schlößchen derer von Ow.
Nach Ansprachen des Rottenburger Oberbürgermeisters, des Ortsvorstehers und Dr.Christian Hörburgers, sowie Begrüßungen, u.a. des Historikers Dr.Hans Harter, in Anwesenheit von Abgeordneten des Baden-Württembergischen Landtages und des Deutschen Bundestages, sprach der Gemeindepfarrer einige Worte an die Festgemeinde sowie ein Gebet, bevor er den Gedenkstein für Hartmann von Aue weihte.
Den Basaltblock hatte die Bildhauerin Barbara Berger aus Hailfingen zum Gedenkstein bearbeitet, mit mittelhoch-deutscher Inschrift (aus Hartmann von Aues "Armer Heinrich").
Mit einem Umtrunk endete der erste Akt des Gedenktages. Mittelalterliche Speisen, die gereicht wurden, waren benannt nach Namen von Persönlichkeiten jener Zeit:Hildegard von Bingen, Walter von der Vogelweide und natürlich

Hartmann von Aue. Schwarzbierkrustenbraten mit Krautgemüse und Brot - Schafskäse im Brotmantel - Umwickelte Wurst - 'Dinette' mit Gemüse, am Spieß geröstete Bratröhren. An Getränken gab es Wasser, Bier und Wein. Kaffee und Kartoffeln waren damals bei uns noch unbekannt.
Der Nachmittag brachte kleine kulturelle Veranstaltungen unter dem Motto: "Liebe, Leid und Schmerz in des Mittelalters Herz". In einem Raum des Schlößchens brannten Kerzen in Fensternischen. Margarete Klotz, Sopranistin aus Stuttgart, sang, begleitet von Hildegund Treiber am Cello, lateinische Lieder (Texte von Hildegard von Bingen). Dazu rezitierte Christian Hörburger, ein Meister in der Kunst des Sprechens, Minnetexte des Hartmann von Aue in mittelhochdeutscher Sprache. -
Mitglieder der Staatlichen Hochschule für Musik und Darstellende Kunst in Stuttgart gestalteten im Kirchensaal vor schwarzverhängtem Altar das Vers-Epos "Gregorius - Der gute Sünder" von Hartmann von Aue. Es waren großartige, berührende Leistungen. Begeistert applaudierte das Publikum. Die Sprachkünstler agierten unter der Regie von Prof. Ulrike Mauer-Hillenbrand und der Dramaturgie Dr.Christian Hörburgers. Die großenteils hochdeutschen gesprochenen Texte wurden teilweise in Mittelhochdeutsch wiederholt.
Auf dem Marktplatz zeigte eine Rottenburger Fechtgruppe unter Leitung von Wolfgang Abart Kampfhandlungen mit Degen Säbel, Schwert, Pike u.a. Es erfordert viel Geschicklichkeit mit solchen Waffen umzugehen. Nicht nur das Können, sie zu führen, ist wichtig, sondern auch die richtigen Reaktionen auf den jeweiligen Schlag des Angreifers. Das Abschätzen von: "Was plant er?", können vor Verwundung oder gar Tötung schützen. Auch der Angriff des Volkes mit langen Spießen im Kampf-Block gegen Reiter oder gut ausgerüstete Ritter, wurde demonstriert.
Beenden wir die Betrachtung über Hartmann von Aue mit einem Hilfsmittel, welches ihm, wie er sagte, beim Wider-

fahren von etwas Unangenehmen helfe:

"Laß gehen! Es sollte dir geschehen!
Bald kommt, was dir frommt!"

Künder der Neuen Frömmigkeit (Devotia moderna)

Thomas von Kempen zum 525. Todestag

"Frage nicht, **wer** das gesagt hat, sondern **was** gesagt wird,darauf richte deine Aufmerksamkeit." Dieser schlichte, aber kluge Satz, daß das Wort, die Aussage das Wissenswerte ist, worüber der Mensch nachdenken soll, und es sekundär ist, wer etwas aussprach oder aufschrieb,stammt von dem deutschen Mystiker und Theologen Thomas von Kempen, der auch als Thomas à Kempis im späten Mittelalter bekannt wurde. Eigentlich hieß der Sohn eines Handwerkers in Kempen in der Niederrheinischen Bucht Thomas Hemerken (latinisiert: Malleolus), das bedeutet auf Plattdeutsch "kleines Hämmerchen". Ob er schon Ende des Jahres 1379 oder erst Anfang 1380 geboren wurde,ist ungewiß. Nachweisbar aber bleibt, daß Thomas von Kempen am 25.Juli 1471 - also vor 525 Jahren - im Kloster Agnetenberg bei Zwolle im Niederländischen gestorben ist. Als bedeutendster Vertreter der "neuen Frömmigkei" (Devotio moderna), d.h. durch einen alltäglich gelebten Glauben eine Erneuerung der Kirche zu gewinnen, und insbesondere durch sein auch in unserer Zeit noch hochgeachtetes Werk "De imitatione Christi" (= "Über die Nachfolge Christi"), wurde Thomas von Kempen weltberühmt.
Als Knabe besuchte Thomas im Kloster Windesheim bei Zwolle seinen älteren Bruder Johannes und äußerte den Wunsch: Er wolle auch ein Mönch werden. Die Reise bereitete ihm keinerlei Schwierigkeiten, da in Zwolle dieselbe Umgangssprache wie in seiner Heimatstadt üblich war. Johannes Hemerken empfahl den 13jährigen dem 1.Rektor des Hauses der "Brüder vom gemeinsamen Leben"(auch "Fraterherren" genannt), Florens Radewijns, und noch im Jahre 1393 konnte Thomas sein Studium in Deventer, der alten Hansestadt an der Ijessel, beginnen. Bescheiden wie er zeitlebens war, schloß er sich dem "vollmönchi-

schen Kloster" der Regularkanoniker anstatt den halbmönchischen Fraterherren. Er war vom geistlichen Leiter, welcher 1380 mit Geert Grote das Haus der Brüder gegründet hatte, so beeindruckt, daß er später eine Biographie über Radewijn schrieb.

1399 trat Thomas von Kempen in das Kloster der Regulierten Augustiner-Chorherren auf dem Agnetenberg ein,wurde nach beidseitiger längerer Prüfung 1406 als Novize eingekleidet, legte ein Jahr danach die Gelübde ab und empfing 1413 (1414?) die Priesterweihe. In rund sieben Jahrzehnten verließ Thomas von Kempen nur zweimal das Kloster: einmal eilte er nach Arnheim, um seinem sterbenden Bruder in der Klosterkammer beizustehen. Bei dieser Gelegenheit besuchte er auch das benachbarte Karthäuser-Kloster von Monnikhuizen, wo er Geert Grotes Arbeitszimmer besichtigte. Der Mönch hatte mancherlei Bemerkenswertes über Grote erfahren, so daß der Gelehrte der geistige Vater der Erneuerungsbewegung wurde, nach der Heilung einer schlimmen Krankheit und Aufgabe seines Wohlstandes, und er entschloß sich deshalb später auch über ihn eine Biographie zu verfassen.

Ein anderes Mal mußte sich Thomas von Kempen 1429-1432 ungewollt von Agnetenberg entfernen. Gemeinsam mit seinen Klosterbrüdern ging er in die Verbannung nach Ludingakerk (Lunenkerk) in Friesland, da sie während der "Utrechter Kirchenspaltung treu zum Papst hielten. Außerdem lebte er vorübergehend im Augustinerkloster Marienwolde (später Frenswegen) bei Nordhorn/Niedersachsen.

Der Regularkanoniker Thomas von Kempen bekam verantwortungsvolle praktische Arbeiten übertragen, wurde Anno 1425 + 1448 jeweils für einige Zeit zum Subprior gewählt. Außerdem predigte und unterrichtete er als Novizenmeister und wurde als Ratgeber geschätzt. Sein Motto lautete: "Warum suchst du Ruhe, da du zur Arbeit geboren bist?"

Den größten Teil seiner Arbeistzeit widmete er mit sorgfältiger künstlerischer Qualität der Abschrift von Bü-

chern. ("Viel bewirkt, wer seine Sache gut verrichtet.") Viermal kopierte er die gesamte Bibel. 1424-1439 fertigte er eine fünfbändige illuminierte Ausgabe an, die in der Hessischen Landesbibliothek zu Darmstadt bewundert werden kann. Außerdem schrieb er die Werke des Hl.Bernhard von Clairvaux, sowie das Meßbuch ab. Zusätzlich erarbeitete er ab 1446 (bis ins letzte Lebensjahr) eine St.Agnetenberger Kloster-Chronik. Unter den zahlreichen Schriften, vor allem mystischer Art, sowie Predigten über Bibeltexte, Dialoge und Briefe, aber auch historische und biographische Werke (über Johannes Brinckerinck und das Leben Meister Gerhards), die Thomas von Kempen in lateinischer Sprache verfaßte, befanden sich auch Hymnen und erbauliche religiöse Gedichte.
Die Texte des geistlichen Schriftstellers wurden in ihrem Wert so hoch eingeschätzt, daß viele von ihnen nach seinem Tode durch die inzwischen erfundene Buchdrukkerkunst nun vervielfältigt und weiträumig verbreitet werden konnten. Nennen wir hier einige noch im 20.Jahrhundert veröffentlichte Publikationen: "Das Alleingespräch der Seele" - "Heilige Christnacht, Fest der Seele" - "Die Ordensdisziplin" - "Zerknirschung des Herzens" oder das "Rosengärtlein - von guten Worten", (Briefe und geistliche Lieder).
Doch kommen wir auf das vierbändige Andachts- und Erbauungswerk "De imitatione Christi" zurück, dem Thomas von Kempen auch nach mehr als 500 Jahren Hochachtung und Anerkennung als mittelalterlicher Dichter und Denker verdankt, da seine Gedanken und Aussagen auch den Menschen unserer Zeit noch zum Nachdenken anregen und nachempfunden werden können. Dies beweisen u.a. Zitate bedeutender Persönlichkeiten über die "Nachfolge Christi", zum Beispiel des anglikanischen Autors C.S.Levis: "Ich lese die Nachfolge Christi fast jeden Tag, aber das ist, als läsen Geschöpfe ohne Flügel über die Stratosphäre" (1941). Im gleichen Jahr äußerte sich der englische

Schriftsteller Aldous Huxley: "Wir müssen uns glücklich schätzen, wenn ein Buch wie die Imitatio Christi eine Ausdrucksform findet, die ästhetisch in der Qualität dem Gegenstand verglichen werden kann". Dietrich Bon-hoeffer, der evangelische Theologe und Märtyrer schrieb etwa zwei Jahre vor seiner Hinrichtung(1943): "Es gibt neben dem Wir doch auch ein Ich und Christus, und was das bedeutet, kann gar nicht besser gesagt werden als in der Imitatio Christi, die ich jetzt in der lateinischen Ausgabe hin und wieder lese". Und der Philosoph und Kulturhistoriker Ludwig Marcuse bekannte 1960: "De imitatione Christi ist ein undogmatisches Buch, mehr für die die Lebensführung als eine Aussage über die transzendente Welt. Es...löst Konflikte, aus denen jeder herauskommen möchte..."
Allerdings war schon wenige Jahrzehnte nach Thomas von Kempens Tod ein Streit unter Gelehrten entbrannt, ob dieser Mystiker tatsächlich der Verfasser des ursprünglich aus vier selbständigen Teilen bestehende "De imitatione Christi" gewesen sei. Immerhin besteht jedoch heutzutage darüber Einigkeit, daß Thomas von Kempen diesem Werk die letztendlich bedeutsame Fassung gab.Band 1 + 2 der "Nachfolge Christi" beinhalten vorwiegend Aphorismen, Erwägungen, rhetorische Fragen oder Befehle. So wird im ersten Band häufig die eigene Seele mit "Du" im Selbstgespräch angesprochen, während der Folgeteil sich mit dem Leben Jesu beschäftigt; Gottes Sohn spricht den Menschen an. In Band 3 + 4 finden wir herzliche Zwiesprache zwischen Jesus und seinen Jüngern; Christus als älterer Bruder, der im Leiden vorangegangen ist..." So handelt der dritte Teil von der Wirkung der Liebe Gottes, und den Abschluß bildet die Bedeutung des Abendmahls.
"De imitatione Christi" gilt nicht nur als das bedeutendste Zeugnis der "Devotia moderna", jener Erneuerungsbewegung, welche bereits vorreformatorisch sich auf

die Heilige Schrift berief, für das Lesen der Bibel in der Volkssprache warb und die eine zu äußerliche Frömmigkeit (zum Beispiel bei Wallfahrten) kritisierte, sondern die "Nachfolge Christi" wurde nach der Bibel das am verbreitetste Buch der Welt!
Vielseitig erinnert die Stadt Kempen an ihren allzeit größten Sohn. Nicht nur das Denkmal auf dem Kirchplatz wurde ihm zu Ehren errichtet; es gibt eine Thomas-Straße, einen Thomas-Verein, eine Thomas-Stiftung, ein Thomas-Archiv (gegr.1987), das Gymnasium Thomaeum, in welchem sich eine Skulptur von Ewald Mataré befindet. Und nicht zuletzt kann im Thomas-Zimmer des Kramer-Museums eine Werkausgabe des begnadeten geistlichen Dichters betrachtet werden.
Beschließen wir unser Gedenken zum 525.Todestag von Thomas von Kempen mit zwei seiner Aphorismen aus "De imitatione Christi", die uns seine Güte, Menschenkenntnis und Weisheit deutlich werden lassen:

"Bemühe dich, im Ertragen der Fehler und Schwächen anderer geduldig zu sein, denn auch du hast vieles, was von anderen ertragen werden muß"

und

"Keine Kreatur ist so klein und gering, daß sie nicht Gottes Güte darstellte."

Geistiger Revolutionär und humanistischer Poet

Philipp Nikodemus Frischlin
zum 450.Geburtstag

"Die Poeten haben Macht / den Leutverächtern ihre Bubenstücke zu sagen, / und sind nicht schuldig, / einen jeden Großhans / darum Red und Antwort zu geben. / Das sind Freiheiten eines Poeten, / und wo das nicht ist,/ so hat man keine."
Dies sagte "der berühmteste Dichter lateinischer Dramen dieser Zeit". Der Literaturhistoriker Adolf Bartels meinte Philipp Nikodemus Frischlin, den wohl bedeutendsten deutschen Humanisten und Philologen in der zweiten Hälfte des 16.Jahrhunderts. In seinen großartigen, bissigen Komödien und satirischen Texten prangerte er schonungslos seine obrigkeitshörigen Universitätskollegen und die Bauernausbeuter des niedrigen Adels an, so daß er sich Verfolgungen wiederholt nur durch Flucht entziehen konnte. So mußte schließlich sein Leben auch tragisch enden: beim Versuch aus der Kerkerhaft in der Festung Hohen-Urach zu fliehen, stürzte er ab und verletzte sich tödlich.
Als Sohn eines lutherischen Pastoren-Ehepaars wurde Nikodemus am 22.September 1547 in Erzingen auf der Schwäbischen Alb (bei Balingen) geboren. Er besuchte zunächst Klosterschulen und kam dann in das Evangelische Stift zu Tübingen. Schon als Schüler fiel er durch seine spöttischen, freigeistigen Bemerkungen auf. In Tübingen studierte er auch Theologie.
Nikodemus Frischlin war erst rund zwanzig Jahre alt,als er zum außerordentlichen Professor für Poetik und Geschichte erkoren und trotz des Widerspruchs des Universitäts-Kanzlers Andreä beauftragt wurde "Lectio poetica et historiae" zu lehren. Obwohl vom württembergischen Herzog Ludwig wohlwollend unterstützt, geriet er bald

in Schwierigkeiten, da seine puritanischen Kollegen ihm seine humanistische Streit- und Spottlust verübelten. Wegen seines "unbehäben Mauls" blieb ihm auch jegliche Beförderung verwehrt.
In den 70er Jahren des 16.Jhs.wurden Nikodemus Frischlins biblische Dramen "Rebecca" (1576) und "Susanna" (1578), sowie das geschichtliche Schauspiel "Hildegardis magna" vor dem theaterbegeisterten Herzog in lateinischer Sprache am Stuttgarter Hof aufgeführt. Hildegardis, Gemahlin Karls des Großen, wurde - ähnlich wie Genoveva - durch einen abgewiesenen Verführer verleumdet und verfehmt,bis ihr letztendlich doch Gerechtigkeit widerfuhr.
1575 zum "Hofpoet" ernannt, wurde Nikodemus Frischlin im Folgejahr von Kaiser Ferdinand zum "Poeta Laureatus" gekrönt. Seine Komödien und Schuldramen waren geschätzt und gefürchtet. Schließlich handelte sich der Dichter aber durch seine Kritik am württembergischen Kleinadel und an den Theologen Schreibverbot ein, zumal er bereits wegen eines Gedichtes, in dem er die heuchlerische Moral der verspießerten Tübinger Professoren und die vorgetäuschte biedermännische "Ehrbarkeit" bloßgestellt hatte, verwarnt worden war. Frischlins gefährlichster geistiger Feind war sein ehemaliger Lehrer Professor Martin Crusius, welcher auch verschärfte Zensur forderte. Doch der Freigeist ließ sich nicht einschüchtern. Im Gegenteil! Er ignorierte die Zensur und ließ eine Rede über das Landleben drucken, die "Oratio de Vita Rustica". Hierin geißelte er die Korruption der Hofgesellschaft, sowie die häufig brutale Behandlung der Untertanen durch die Adligen an: "Was soll ich aber sagen von dem grausamen Wüten, so etlich Leutfresser unter denen vom Adel an ihren Bauren gar jämmerlich begehen?... da ein jeder gar unschuldige Bauren um schlechter Ursach willen auf den Tod oder gar zu todt geschlagen hat?" Ja, er pries in seiner Rede gar die Tugenden der Bauern. Die württembergischen Ritter klagten den Urheber der Schrift an und lie-

ßen ihn durch Reisige verfolgen. Frischlin wurde mit Druckverbot und Hausarrest bestraft. Er kündigte seine Stellung und ging 1582 als Schuldirektor nach Laibach. Hier führte er ohne Genehmigung neue Schriften für den Unterricht ein, erregte Unmut und kehrte notgedrungen bald nach Württemberg zurück. Trotz herzoglicher Empfehlung weigerte sich das Tübinger Kollegium Nikodemus Frischlin wieder in die Universität aufzunehmen. So floh er aus seinem Heimatland, begann eine ruhelose Wanderschaft quer durch Deutschland, ein Bohémien, der sich weiterhin öffentlich mit seinen Gegnern auseinandersetzte und schließlich in Armut geriet. Versuche in Prag oder Wittenberg eine Anstellung zu finden,mißlangen. Doch unverletzt blieb seine poetische Ader. Er dichtete satirische Spottverse, gab Streitschriften heraus. Und als er endlich 1588 als Schulmeister in Braunschweig eingestellt wurde, blieb ihm, nach Bekanntwerden seines anticalvinistischen Pamphlets, nur die Flucht.

Inzwischen sorgte sein Intimfeind Professor Crusius, daß der Senat Frischlin wegen eines früheren Ehebruchs mit einer Magd anklagte. Den ihm zusätzlich angelastete Totschlag an einer anderen Frau, bestritt er. Einer Verhaftung konnte er sich auch diesmal nur durch Flucht entziehen. Aber seine Gegner gönnten ihm weder Rast noch Ruh. Als er schließlich gar einen Schmähbrief gegen das "Cantzleyisch Drecktum" verfaßte, da ihm die württembergische Hofkanzlei Erbschaftsgelder nicht auszahlte, wurde "Froeschlinus" - wie er nun beleidigend genannt wurde- 1590 in Mainz verhaftet und in der Festung Hohen Aurach (Hohenurach) eingekerkert und verhört. Während seiner Gefangenschaft dichtete Nikodemus Frischlin noch das lateinische Epos "Hebrais", sowie zwei Komödien in deutscher Sprache.

Der in Aussicht gestellten Freilassung unter der Bedingung: sich öffentlich beim Adel zu entschuldigen und künftig nur noch Dichtungen im Auftrag zu schreiben,beugte er sich nicht, sondern wagte am 29. (30.?) November 1590 die Flucht aus seiner Zelle durch den Ofenschacht. Doch die zusammengeknüpften Leinwandstücke, an denen er sich abseilen wollte, rissen - er stürzte über die Festungsmauern in die Tiefe, in den Tod.

Nur wenige Werke des humanistischen Dramatikers sind heute noch bekannt oder gar im Buchhandel zu erwerben. Als Hauptwerk Nikodemus Frischlins wird das 1585 erschienene "Operum poeticorum pars scenica" betrachtet, als seine beste Komödie die "Julius redivivus", der auferstandene Cäsar. Frischlin schrieb sie aus "nationalem Selbstgefühl der deutschen Humanisten". Cäsar und Cicero kommen aus der Unterwelt nach Deutschland, "damit sie die dort gemachten neuen Erfindungen und... auch die deutschen Gelehrten und humanistischen Poeten auf Kosten der Italiener und Franzosen weidlich bewundern". Das einzige erhalten gebliebene Drama in deutscher Sprache: "Frau Wendelgard" (aufgeführt 1579) schildert die rührende Wiederbegegnung zwischen König Heinrich I. Tochter Wendelgard und ihrem totgeglaubten Gatten Ulrich Graf von Buchhorn. Nennenswert sind schließlich noch die Komödie "Priscianus vapulans" ("Der geprügelte Priscian", (1571), die dialogischen Paraphrasen "Dido" (1581) und "Venus", sowie das als Reprint in der Schwäbischen Verlagsgesellschaft herausgegebene Fastnachtsspiel "Die Religionsschwärmer oder Mucker" eigentlich "Über Ketzereien und Ketzerhäupter", nach Immanuel Hochs Übersetzung von 1839.

Frischlin verfaßte außerdem zahlreiche lateinische Elegien, Oden, Epen, Epigramme, Satiren, Facetien und Gelegenheitsschriften. Er übersetzte Werke des Aristophanes für den Unterricht und erstellte sogar ein lateinisch-griechisch-deutsches Wörterbuch.

Michael Praetorius

Komponist und Hofkapellmeister zwischen Renaissance und Barock

Geburts- und Todestag jähren sich am 15.Februar 1996

Am 15.Februar 1996 gedenken wir nicht nur des 425.Geburts--tages des großen deutschen Komponisten und Musiktheoretikers Michael Praetorius, sondern auch seines 375.Todestages. Praetorius, welcher eigentlich Michael Schultheiß hieß, wurde 1571 in Creuzburg an der Werra, nahe Eisenach, geboren und starb 1621 in Wolfenbüttel an jenem Tag, an dem er sein 50. Lebensjahr vollendet hatte. Als Sohn eines Pfarrers wuchs er in Torgau an der Elbe auf, besuchte in Zerbst die Lateinschule und begann 1585 sein Studium an der Universität zu Frankfurt an der Oder. Schon zu dieser Zeit spielte er die Orgel in der St.Marienkirche.
1595 nahm er seinen Dienst als Organist an der Schloßkapelle zu Gröningen (Grüningen) bei Bischof Heinrich von Halberstadt auf, dem späteren Herzog von Braunschweig-Lüneburg. In der Residenz zu Wolfenbüttel wurde Praetorius 1604 vom Kammerorganisten zum Hofkapellmeister ernannt.
Da sich Heinrich Julius Herzog von Braunschweig-Lüneburg als Geheimer Rat häufig bei Kaiser Rudolf II. am Prager Hof aufhielt, reiste Praetorius als "Director der Musica von Haus aus" zu manchem damals bedeutenden Fürstenhof, vor allem von Dresden und Magdeburg, um bei Festen eine neuartige "Concert-Music" einzurichten und zu leiten.
Nach dem Tod Herzog Heinrich Julius´ (1613) übernahm Friedrich Ulrich mit seiner Gattin Anna Sophie die Regierung des Hauses Braunschweig-Lüneburg. Er beauftragte Michael Praetorius durch "gnädigen Befehl" neben geist-

licher auch weltliche Musik zu komponieren und zu veröffentlichen. So entstand eine Sammlung französischer Tänze und Lieder: "Terpsichore".
Zu Praetorius´ bedeutendsten musiktheoretischen Werken gehören vor allem die neun Bände "Musae Sioniae" - sie enthalten u.a. eine vollständige Beschreibung der damals bekannten Musikinstrumente - und die dreibändige Ausgabe des "Syntagma musicum" (u.a. eine historische Darstellung der alten politischen und weltlichen Musik). Praetorius gehörte jedoch vor allem zu den berühmtesten Vertreter der Evangelischen Kirchenmusik in der Zeit des Übergangs von der Renaissance zum Barock. Noch heute werden seine Choräle und Kirchenliedbearbeitungen, seine Motetten und Vertonungen von Psalmen, aber auch Magnificats, Hymnensätze und mehrstimmige Concert-Gesänge (bis zu 21 Stimmen!) als hohe Kunstwerke anerkannt. Hinzu kommen vor allem noch Orgelkompositionen, Variationen und Parodien auf Motetten, Litaneyen, sowie Fantasien über deutsche Psalmlieder Martin Luthers.
Obgleich Michael Praetorius stets Bediensteter am Hofe des Herzogs von Braunschweig-Lüneburg blieb, erlaubte ihm Friedrich Ulrich doch zeitlichen Urlaub, damit er den Berufungen an andere Fürstenhöfe folgen konnte. So war er ab 1614 "Capellmeister von Hauß auß und Director der Music" am Churfürstlichen Sächsischen Hof zu Dresden. Kurfürst Johann Georg I. war musik- und kunstliebend und gewährte Praetorius wesentlich größere Wirkungsmöglichkeiten als er es von Wolfenbüttel gewohnt war und wo seine langjährigen Bemühungen zur Neugestaltung der Hofkapelle zeitlebens unerfüllt blieben.
Zu den Aufgaben eines Hofkapellmeisters gehörten auch die musikalischen Vorbereitungen zu Festen und die Leitung solcher Veranstaltungen wie Hochzeiten, Taufen, der Fürstentag in Naumburg (1614), Besuch des Kaisers (1617), Hundertjahrfeier der Reformation, "Einzug der neuen Herrin" Dorothea in Halle, wo sie von ihrem Gemahl

Christian Wilhelm empfangen wurde (1615). Solche Festlichkeiten boten Praetorius genügend Möglichkeiten seine neuen Kompositionen und Instrumentationsversuche mit seiner Hofkapelle vorzuführen.
Bildete ursprünglich die Tradition der "Torgauer Cantorei" die Grundlage für Praetorius' Kompositionen, entwickelte er, zum Wohlgefallen der repräsentationsfreudigen Fürsten, seine Musik in eine moderne Stilrichtung, wobei er die damals zeitgemäße Manier der glanzvollen Mehrchörigkeit der Venezier nutzte, die sogenannte "Variatio per choros".
Freundliche Beziehungen pflegte Michael Praetorius auch mit Fürst Ernst am Bückeburger Hof, und schließlich wurde er am Hallenser Hof "von Haus aus bestallt".
Praetorius war ein hochangesehener Kenner von Orgeln und wurde deshalb gern als Gutachter eingeladen, so 1618 von Herzog Philipp Sigismund nach Rotenburg an der Wümme (neue Schloßorgel) und 1619 nach Bayreuth (Orgel der Stadtkirche). Andere Reisen führten den Meister nach Halberstadt, Gandersheim und Darmstadt, nach Nürnberg, wo er dem "Music-Herrn" Lucas Friedrich Behaim begegnete oder nach Leipzig, wo er mit Knaben in der Niklaskirche gesungen hat.
So stand Michael Praetorius als Gevatter Tod den erst Fünfzigjährigen auf die Schulter klopfte, auf einer hohen Stufe des Ruhms: "vielseitig bewundert und verehrt, mehr aber noch gehaßt und gefürchtet", aber "im Mittelpunkt des musikalischen Interesses von Deutschland" (Gurlitt.)

Der deutsche Philosoph

Jakob Böhme zum 375.Todestag und 425.Geburtstag

"Wem Zeit ist wie Ewigkeit / Und Ewigkeit wie die Zeit. Der ist befreit / Von allem Streit." Diesen Vers schrieb Jakob Böhme, der "Philosophus teutonicus", gern guten Freunden ins Stammbuch. "Der deutsche Philosoph" wurde er genannt, weil er, der sich selbständig aus der Kraft des Geistes vom Schuhmacher zum Mystiker und Theosophen entwickelt hatte, als erster philosophische Werke in deutscher Sprache veröffentlichte. Die Gedanken des "hochbegnadeten deutschen Wundermanns" kreisten um "Ursprung und Zielpunkt von Gottheit, Kosmos und Menschheit" . Angelus Silesius, der bedeutende barocke christliche Mystiker, bekannte, "...daß ich aber etliche Schriften von Jakob Böhme gelesen... ist wahr, und ich danke Gott darvor. Denn sie sind groß Ursach gewest, daß ich zur Erkenntnis der Wahrheit kommen".

Nahe der böhmischen Grenze, in Altseidenberg in der schlesischen Lausitz (bei Görlitz) kam Jakob Böhme als viertes Kind begüterter Bauern im Jahre 1575 zur Welt. Das genaue Geburtsdatum ist nicht mehr bekannt, doch wird gelegentlich der "11.November" genannt. Vater Jakob Böhme war Gerichtsschöffe und Kirchvater (Kirchendiener). Der schwächliche Knabe ging in die Dorfschule und hütete das Vieh, wurde aber bald zu einem Seidenberger Schuster in die Lehre gegeben. Über Jakob Böhmes Gesellen- und eventuelle Wanderjahre ist nichts überliefert.

Erst ab 1599 können wir seinen Lebensweg genauer begleiten. So erfahren wir aus einer Görlitzer Bürgerurkunde, daß am 24.April "Jacob Behmer von Alt-Seidenberg, Schuster, hat auf seinen vorgelegten Geburts- und Losbrief sein Bürgerrecht erworben". Er kaufte sich auf dem Untermarkt eine "Schuhbank" und wurde in die Schusterinnung aufgenommen. Gleichfalls in jenem Jahr, am 10.Mai, heira-

tete er die Fleischhauerstochter Katharina Kuntzschmann und bezog am 21.August "furm Neißtore aufm Töpferberge" ein Haus. Zwischen 1600 und 1606 wurden die jungen Eheleute Eltern von vier Söhnen.
Nachdem bereits der Hütejunge bei der "Landeskrone"eine Bütte mit Geld entdeckt und beim Anblick des Schatzes erschrocken davon gelaufen sein soll,später dem Lehrbub ein merkwürdiger aber vornehmer Fremder begegnete, dem er für einen hohen Preis Schuhe verkaufte, worauf dieser ihm prophezeite: "Jacob, du bist klein, aber du wirst groß und gar ein anderer Mensch und Mann werden, daß sich die Welt über dir verwundern wird...", wurde der Schuhmachermeister Böhme Anfang des 17.Jhs. "vom göttlichen Lichte ergriffen und mit seinem gestirnten Seelengeiste durch einen gählichen Anblick eines zinnern Gefäßes zu dem innersten Grunde oder centro der geheimen Natur eingeführt".
Obgleich Jakob Böhme nur eine bescheidene Bildung zuteil geworden war, hatte er sich selbst durch große "Bücherbelesenheit", autodidaktische Studien der Bibel, von mystischen und naturwissenschaftlichen Schriften beachtliche Kenntnisse erworben und eine für jene Zeit ungewöhnliche Sprachgewandheit angeeignet. Als ihm 1610 ein erneutes Erleuchtungserlebnis widerfuhr, entschloß er sich in einem "Memorial" (Tagebuch) das aufzuschreiben, was er von seinen "geistig-geistlichen Erfahrungen" für bewahrenswert erachtete. So entstand vom Januar bis Pfingsten 1612 sein erstes und auch heute noch bedeutendstes Werk: "Morgen Röte im auffgang. Daß ist Die wurtzel oder mutter Der PHILOSOPHIA, ASTROLOGIA und THEOLOGIA. Auß Rechtem Grunde oder Beschreibung Der natur, wie alles gewesen und im anfang worden ist..."
Böhmes Manuskript, in dem er "den Gottesfrieden seiner Seele" und seine höheren Anschauungen offenbart, überrascht durch die Tiefe seiner Gedanken. Ohne Wissen des Urhebers ließ Karl Ender von Sercha, dem er die

Schrift zum Lesen gegeben hatte, diese abschreiben und an Freunde weiterleiten. Als der orthodoxe Oberpfarrer Gregor Richter 1613 von Jakob Böhmes "Morgenröte" Kenntnis bekam, drohte er dem "Irrgläubigen" öffentlich in einer Strafpredigt. Die Stadtväter beschlagnahmten das Manuskript und verhafteten den "gefährlichen" Schuster, erteilten ihm Schreibverbot und unterzogen ihn durch den Geistlichen einem Glaubensverhör.

In jener Zeit verkaufte Böhme seine "Schuhbank" und begann mit seiner Frau Katharina einen Garnhandel. Dies erlaubte ihm geschäftlich öfters auf Reisen zu gehen und dabei Freunde und Glaichgesinnte besuchen zu können, denn die schmähliche Behandlung des Mystikers hatte diesem neue Anhänger seiner Erkenntnisse beschert.Dennoch hielt er sich einige Jahre an das Verbot:nicht zu schreiben, zumal ihn, den Sohn einfacher Bauersleute, Gewissensbisse quälten, und er begab sich "ganz geduldig unter das Kreuz". Bis er 1618, ermutigt von guten und einflußreichen Freunden, vor allem durch Dr.Balthasar Walther, einem Kenner geheimer Wissenschaften,aus Glogau, sich entschloß, die ihm vor geistigen Augen schwebenden "Bilder der Seele" erneut niederzuschreiben, so daß die "Vernunft nun völlig der geistigen Führung überantwortet" werden konnte. Das zweite Werk "Die Beschreibung der drei Prinzipien göttlichen Wesens und gründliche Beschreibung des dreifachen Lebens im Menschen", handelt "von der ohn Ursprung ewigen Geburt der heiligen Dreifaltigkeit Gottes" und erregte neuerlich Zwist mit der Geistlichkeit.

Als der "Winterkönig" Friedrich V.Kurfürst von der Pfalz, 1620 mit seinen Truppen am Weißen Berg geschlagen wurde, sah Jakob Böhme den "Großen Krieg" voraus, mit "Aufruhr und Empörung, auch Sterbensnot fället in kurzem mit Macht ein". Krankheit und Erschöpfung bedrohten sein Leben. Doch nun folgte ein Buch-Manuskript nach dem aanderen; die Hauptwerke entstehen: "Von der Menschwerdung Jesu Christi" - "Von der Geburt und Bezeichnung aller Wesen" - "Von der Gnadenwahl" und der Genesis-Kommentar "Mysterium Magnum". Paul Fechter erkannte in unserer Zeit, für Jakob Böhme sei "die Vision entscheidender als ihr Sinn, das Bild wichtiger als seine Deutung".

Mehrfach reiste Böhme durch Schlesien, führte vertrauliche Gespräche mit Freunden und Schülern, disputierte und korrespondierte mit ihnen über "Fragen der Seelenführung und des geistlichen Lebens". In seinen "Theosophischen Sendbriefen" beantwortete er an ihn gerichtete Fragen und deutete darin auch auf die Notwendigkeit des "geheimen Gesprächs" hin. Bei Johann Theodor von Tschesch lernte Jakob Böhme Abraham von Franckenstein kennen. Er wurde später sein erster Biograph und bekannte von seinem Meister: "Seinen über alle Natur von Gott hocherleuchteten Geist und ganz rein wohlverständliche hochdeutsche Redensart hat man aus diesen seinen unverfälschten Schriften in göttlichem Lichte zu prüfen und zu erkennen".

Nachdem Johann Siegismund von Schweinichen Anfang 1624 Böhmes "Weg zu Christo" bei Johann Rhamba in Görlitz drucken ließ, verunglimpfte Gregor Richter den theosophischen Dichter in Hetzreden und einem lateinischen Schmähgedicht, bezichtigte ihn der "Gotteslästerung" und das gemeine Volk jaulte vor Vergnügen. Aber Böhme fand jetzt in den Verhandlungen des Stadt-Rates auch Verteidiger, die nichts "Unchristliches" in seinem Buch entdecken konnten. Jakob Böhme war mit seiner Familie in Görlitz Hohn und Verachtung ausgeliefert. Ehe er jedoch dem Drängen, die Neißestadt zeitweilig zu verlassen, Folge leistete, verfaßte er eine "Schutzrede wider Gregor Richter". Geistreich und stilistisch meisterhaft formuliert, forderte er den Oberpfarrer auf: "Weiset mir doch in eurem Bann euer christliches Herze; seid ihr Christi Hirte, so ist eure Liebe..., ja, er

klagte ihn an, weil er als "Amtsträger der Kirche unter Mißbrauch seiner Stellung solches Gift auf das arme unschuldige Volk...ausgießt".
Auf Einladung des Kurfürstlich-Sächsischen Hofes reiste Jakob Böhme im Mai 1624 nach Dresden. Er wohnte beim Hofarzt und kurfürstlichen Chymiker Benedikt Hinkelmann, welcher ihm "alle christliche Liebe und Freundschaft erboten". Der Churfürstlich Geheime Rat Joachim von Loß ließ den Gast in einer Kutsche zum Schloß Pillnitz fahren. Doch von einer Audienz beim Kurfürsten ist nichts überliefert. Daheim in Görlitz litt Böhmes Familie unter Boshaftigkeiten aufgewiegelter Bürger; Fensterscheiben seines Hauses wurden eingeschlagen.
Noch entstanden kleinere theoretische oder theologische Traktate, praktische oder erbauliche Schreiben, sowie polemisch-apologetische (Verteitigungs-)Schriften. Sein letztes Werk "Betrachtung göttlicher Offenbarung" - 177 theosophische Fragen - blieb Fragment.
Vom letzten Aufenthalt bei schlesischen Freunden kehrte Jakob Böhme geschwächt und ernstlich krank in die Heimat zurück. Tobias Kober, sein Hausarzt, stellte Kreislaufstörungen und Wassersucht fest. Er und getreue Gefährten standen dem Todkranken bei, da Frau Katherina auf Geschäftsreisen weilte. Obgleich sein Widersacher Gregor Richter inzwischen verstorben war, mußte der Mystiker auf dem Sterbebett erneut ein Glaubensverhör erdulden, denn auch der neue Oberpfarrer war ihm feindlich gesonnen. Und als Jakob Böhme am 17.November 1624 in seinem Görlitzer Haus starb, mußte Tobias Kober Nikolaus Thomas durch Beschluß des Stadtrates zwingen lassen, den Trauergottesdienst zu vollziehen. Der Pöbel aber schreckte selbst vor der Grabschändung nicht zurück. Jakob Böhme ging in die Geschichte ein als "ein kleiner Nachfahr und Erneuerer Luthers und in der Tat der Gipfel der deutschen Nachreformationsmystik" (Paul Fechter).

Ahnherr der deutschen Oper und Meister der Kirchenmusik

Heinrich Schütz zum 325. Todestag

Heinrich Schütz, geboren am 8. (oder 14.?) Oktober 1585 in Köstritz, dem heutigen kleinen geschätzten thüringischen Badeort, war nicht nur ein Meister protestantischer Kirchenmusik, sondern in seiner kompositorischen Vielseitigkeit der bedeutendste deutsche Komponist des 17. Jahrhunderts. Und er gilt als Ahnherr der ersten deutschen Oper. Leider blieb von seiner 1627 auf Schloß Hartenfels zu Torgau uraufgeführten "Dafne" - anläßlich der Hochzeit der Tochter des sächsischen Kurfürsten Johann Georg I. - lediglich das von Martin Opitz stammende Libretto erhalten.
Heinrich, Sohn des Stadtschreibers und Gastwirts "Zum goldenen Kranich" Christoph Schütz und dessen dritter Ehefrau Euphrosyne Bieger, entstammte einer Chemnitzer Patrizierfamilie. 1590 übernahm Heinrichs Vater den Erb-Gasthof "Zum goldenen Ring" in Weißenfels.
Als acht Jahre später Moritz Landgraf von Hessen-Kassel dort einkehrte, bot er Christoph Schütz an, seinen Sohn im Kasseler "Mauritanum" durch seinen Kapellmeister Georg Otto zum Kapellknaben am Hofe ausbilden zu lassen. Beim Einsetzen des Stimmbruchs ging der Jüngling 1608 zum Studium der Rechte an die Universität Marburg an der Lahn. Doch Landgraf Moritz der Gelehrte hatte seinen Zögling nicht vergessen. Er schickte Heinrich Schütz 1609 für zwei Jahre als Stipendiaten zu dem großen italienischen Tonschöpfer mehrchöriger Werke Giovanni Gabrieli in Venedig. Es war ein Glücksfall für den jungen Musiker, vom Organisten an San Marco als Komponist und Organist unterrichtet zu werden. Auf Empfehlung Gabrielis blieb Schütz ein weiteres Jahr, und Dank des Vaters,welcher die Folgekosten übernahm, bis zum Herbst 1613 in der Kunststadt auf den Laguneninseln.

Heinrich Schütz fand bei seinem Lahrmeister seinen eigenen musikalischen Stil, da Gabrieli den Genius seines Schülers befruchtete, nicht aber beeinflußte, so daß er in seiner Eigenart gestärkt seine künftigen Werke schaffen konnte. Es gelang ihm - und dies ist ein besonderes Verdienst Heinrich Schütz´, die italienische "süß melodische Homophonie" (nur eine Melodiestimme führt) mit dem kernvollen Ausdruck herkömmlicher Mehrstimmigkeit zu vereinen. "Die in seiner Musik zum Ausdruck kommende Kraft tief innerlicher Frömmigkeit gab seinem Schaffen das unverlierbare Gesicht".(Friedrich Herzfeld.)
Nach Kassel zurückgekehrt,setzte Landgraf Moritz Heinrich Schütz als 2.Organist an seinem Hofe ein, mußte aber seinen geschätzten Musikus schon 1614 dem ranghöheren Kurfürst von Sachsen an dessen Dresdner Hof "ausleihen". Johann Georg I. war auf den hochgelobten, nun fast dreißigjährigen Komponisten aufmerksam geworden und ernannte Schütz zum Hofkapellmeister. Zu dessen Aufgaben gehörte die musikalische Betreuung des höfischen Lebens, der Oper und der Kirchenmusik. So gestaltete Schütz u.a. auch die Festlichkeiten anläßlich des Besuches von Kaiser Matthias in Dresden und zur 100-Jahrfeier der Reformation.
1619 heiratete Heinrich Schütz "des Churfl. Sächs. Land- und Tranck-Steuer Buchhalters, des weiland Edlen und Hochbehamten Herrn Christian Wildecks Seel.vielgeliebtesten Tochter" Magdalene. Diese Heirat band ihn enger an den Kurfürstlich-Sächsischen Hof, so daß Johann Georg I. mit Genugtuung feststellte, daß er seinen Rivalen Moritz, welcher sich wiederholt bemüht hatte, Schütz wieder für Hessen-Kassel zurückzugewinnen, dem Landgrafen den Kompositeur endgültig abgeluchst hatte.
Bereits 1625, nach der Geburt von zwei Töchtern, starb Magdalene Schütz, sechs Jahre später Heinrichs Vater und 1635 seine Mutter. Sein Bruder Georg folgte 1637, ein Jahr später die Tochter Anna Justina. Ein schweres Schicksal.

Heinrich Schütz war nun weithin bekannt in deutschen Landen. Er reiste 1621 zur Huldigungsfeier der schlesischen Stände nach Breslau, weilte 1631 beim Fürstentag in Leipzig, reiste u.a. 1639 nach Hannover und Hildesheim , 1644 nach Braunschweig und Wolfenbüttel, war im Frühjahr 1647 in Weimar. Eine zweite Italienreise führte ihn 1628 wieder nach Venedig, um sich nach der inzwischen aufgebrachten neuen und heutigen Tags gebräuchlichen "Manier in der Music zu erkundigen". Nebenbei wollte er auch die Kunst Monteverdis und die italienische instrumentale und szenische Musik studieren.

In den Unruhezeiten des 30jährigen Krieges verließ Heinrich Schütz wiederholt Sachsen, übernahm Verpflichtungen an befreundeten und nicht von Kämpfen bedrohten mitteldeutschen Höfen als "Kapellmeister von Haus aus", in Wolfenbüttel, Zeitz, Halle und Gera. In Kopenhagen wurde königlich-dänischer Kapellmeister, 1642 sogar Oberkapellmeister. 1634 komponierte er die Musik zur dänischen Fürstenhochzeit.

Doch immer wieder zog es Schütz nach Dresden zurück,wo er bereits 1629 ein Haus erworben hatte. 1645 bat er erstmals seinen Landesherrn um Pensionierung, verfaßte beim zweiten Versuch 1651 ein "Autobiographisches Memorial" für Johann Georg I. Aber erst nach weiteren fünf Jahren, bereits 70jährig, gewährte ihm der neue Landesfürst Johann Georg II. den wohlverdienten Ruhestand. Er ernannte ihn jedoch gleichzeitig zum Oberhofkapellmeister. Obwohl Heinrich Schütz nach Weißenfels übersiedelte, blieb er für die Reorganisierung der Dresdner Hofmusik verantwortlich und wurde 1663 sogar mit der Neuordnung der Zeitzer Hofmusik betraut.

Außer seiner Oper "Dafne" komponierte Heinrich Schütz die Ballettopern "Orpheus und Euridice" (zur Hochzeit des sächsischen Kurprinzen 1638) und "Paris und Helena" (1650) - beide Werke gelten als verloren -, sowie die Totenmessen "Musikalisches Exequien für Heinrich Posthumus Reuß" (1636) und "Canticum B. Simeonis für Johann Georg I." (1657).

Heinrich Schütz' aufgelisteten Kompositionen zählen von Opus 1: "Il primo libro de Madrigali" (1.Madrigalbuch) Anno 1611 bis zum Opus 14: dem 2.Beckerschen Psalter" (1661). Dazwischen finden wir mehrchörige Psalmen Davids (1619), eine "Cantiones sacrae" (1625), "Symphoniae sacrae" (lateinische und deutsche Vokalkonzerte), "Kleine geistliche Konzerte", "Geistliche Chormusik" (1648) und "Geistliche Gesänge" (1657). Berühmt wurden Werke wie "Die sieben Worthe Jesu am Kreuze", eine "Weihnachtshistorie" (1664), sowie drei Passionshistorien (nach Lukas, Johannes und Matthäus (1665/66), und das als Gipfel seines Wirkens betrachtete "Concert in Form einer deutschen Begräbnismesse" (1636). Umfangreich ist das Verzeichnis der verschollenen Werke (mehr als 100 Titel)!

Heinrich Schütz erreichte für damalige Zeiten ein ungewöhnlich hohes Lebensalter und blieb dabei geistig rüstig. Er war schon 86 als er seine letzten Werke vollendete: den doppelchörigen "Schwanengesang: 119.Psalm, nebst Anhang des 100.Psalms" und das "Deutsche Magnificat".

Nachdem Schütz auch seine zweite Tochter Euphrosyne und selbst seine Schwester Justina überlebt hatte - sie starb am 17.Mai 1672 - verließ er Weißenfels und lebte bis zu seinem Tod am 6.November 1672 in Dresden.

Immer wenn ich den herrlichen Tonschöpfungen dieses großen Meisters lausche, verneige ich mich in Gedanken stumm, seelisch ergriffen, vor diesem Genius, welcher - genau 100 Jahre früher als Johann Sebastian Bach geboren - durch seine Madrigale, Magnifikate, Passionen und Oratorien, durch seine geistlichen Gesänge, Kantaten und Motetten, aber auch durch seine Sinfonien und Konzerte, den Freunden vor allem der Kirchenmusik, auch nach mehr als rund 350 Jahren noch ein unermäßliches Geschenk der Freude, des Trostes, ja des Heils, hinterlassen hat. Und so ging Heinrich Schütz´ Wunsch - "des seines göttlichen Auftrags und seiner deutschen Sendung bewußten Meisters für seine Glaubens- und volksgebundenen Werke" (Wilibald Gurlitt) - in Erfüllung: "nach seinem Tod auch Gott, der Welt und seinem guten Namen noch zu dienen".

Vater der deutschen Dichtkunst

Martin Opitz zum 400. Geburtstag

"Vater der deutschen Dichtkunst", wurde der Wegbereiter der neueren deutschen Poesie, Martin Opitz, genannt. Ihm ist es zu verdanken, daß die Herrschaft des Lateinischen - damals als einzige anerkannte Sprache der Dichtung in Deutschland - im 17. Jahrhundert allmählich durch eine deutsche Volkssprache abgelöst wurde.
Martin Opitz, geboren am 23. Dezember 1597 im schlesischen Bunzlau, war der Sohn des Fleischermeisters und späteren Ratsherrn Sebastian Opitz. Die Mutter starb kurz nach der Geburt ihres Kindes. Martin besuchte die von seinem Onkel geleitete Lateinschule in Bunzlau, ab 1614 das evangelische Magdaleneum in Breslau, wo er von angesehenen Bürgern gern zu Gast geladen wurde. Der 17jährige legte in Brieg eine Sammlung von Liebesgedichten vor und veröffentlichte 1616 in Görlitz ein Bändchen mit eigenen Gedichten in lateinischer Sprache u.d.T. "Strenarum libellus", das er seinem ehemaligen Schulrektor Valentin Senftleben widmete. Nun befaßte sich der Jüngling bereits mit der "Beredsamkeit, Dichtkunst und Rechts - wissenschaft" im akademischen Gymnasium "Schönaicheum" zu Beuthen. In der oberschlesischen Stadt erschien auch 1617 Martin Opitz' erste theoretische Abhandlung "Aristarchus oder über die Verachtung der deutschen Sprache". Hierin setzt sich der junge Autor für die Verwendung der deutschen Sprache - vor allem auch als Schriftsprache - ein, da er überzeugt war, daß sie ebenso wie andere europäische Sprachen fähig sei, "eine neue Literatur nach den großen Vorbildern der Antike hervorzubringen". Freilich mußte er - um Aufmerksamkeit zu erwecken - sein Anliegen in Lateinisch vortragen!
In Görlitz verliebte sich Martin Opitz leidenschaftlich in des Rektors Cüchler erst 14jährige Tochter Rosina.

Er nannte sie "Asteria", dichtete für sie lateinische und deutsche Texte und ließ sie 1618 als Gedichtbändchen u.d.T. "Hipponax ad Asterien" publizieren.
Als der 30jährige Krieg begonnen hatte, strebte Martin Opitz nach Heidelberg, studierte Philosophie und Jura und war als Hauslehrer beim Kurfürstlichen Geheimen Rat von Lingelheim tätig. Dieser brachte den Studenten mit bedeutenden Männern des Geisteslebens der Region in Verbindung. In romantischen Versen besang er seine Heidelberger Geliebte, die er Sylvia nannte. Im übrigen bereiteten ihm Fechten und Zechen besonderes Vergnügen. Nun schrieb Opitz auch politische Texte. Er pries Friedrich V. von der Pfalz, den sogenannten "Winterkönig" und griff die Habsburger mit spitzer Feder an.
Krieg oder Liebschaft (vielleicht auch beides) veranlaßten Martin Opitz 1620, gemeinsam mit seinem dänischen Freund Hamilton, nach Holland zu fliehen. In Leiden wurde er von Daniel Heinsing, einem Dichter, den Opitz sehr verehrte, empfangen. Heinsing ermunterte den jungen Poeten und gab ihm Anregungen für die Zukunft.Die Freunde reisten weiter nordwärts bis Jütland, wo Opitz verweilte. Er lernte Dänisch verstehen und dichtete seine "Trostgedichte in Widerwärtigkeit deß Kriegs". Realistisch und schonungslos schilderte er Schrecken, Greuel und Not,die die Menschen in den ersten Kriegsjahren erleiden mußten, Aber er spendete auch Trost.
Im Sommer 1621 kehrte er in seine Heimat zurück. Da er keine feste Anstellung bekam, entschloß sich Martin Opitz ein Angebot des Großfürsten von Siebenbürgen Bethlen Gabor (Gabriel Bethlen) anzunehmen, d.h. als Professor im akademischen Gymnasium (Stuhl-)Weißenburg zu unterrichten. Da jedoch seine Kollegen und die Bediensteten bei Hofe ihm gegenüber ihr "Ungartum" stark betonten, fühlte er sich als Fremdling. Zum Glück war er aber gern gesehener Gast bei einer niederländischen Familie auf dem Lande. Beim Wandern spürte er alte Inschriften

aus der Römerzeit auf. Diese Arbeit faszinierte ihn so, daß er lebenslang für sein siebenbürgisches Werk "Dacia antiqua" forschte. Und, obgleich er auch hier in Ungarn eine Geliebte gefunden hatte, die er "Vandala" nannte, verließ er 1623 das ihm ungastliche Land, um "was mir noch ist übrig von dem Leben, wie wenig es auch ist, mir und den meinen geben". Für einen Mittzwanziger eine ungewöhnliche Lebensbilanz! Immerhin dichtete er in Rückschau auf Siebenbürgen sein beschauliches Werk: "Zlatna oder Vor der Ruhe des Gemütes".
Da in Bunzlau die Pest herrschte, schrieb Martin Opitz in Warmbrunn, im Dienste des Ulrich von Schaffgotsch, eine Biographie über den kürzlich verstorbenen Seyfried von Promnitz.
Das Jahr 1624 ließ Martin Opitz in kürzester Zeit zum berühmtesten Dichter Deutschlands werden, denn sein "Buch von der deutschen Poeterey" wurde allgemein so positiv aufgenommen, als hätten die Menschen nur darauf gewartet, daß endlich ein Messias der deutschen Sprache käme, welcher "Verzicht auf die Fremdwörterei" verlangte und darüber hinaus der Dichtkunst neue Wege aufzeigte. Um den Versen Harmonie und Klangschönheit zu geben sei vor allem wichtig: das "Übereinstimmen von Hebung und Senkung mit der natürlichen Betonung", d.h. maßgebend ist für eine rhythmische Poesie nicht die "Silbenzählung" pro Zeile, sondern die "Silbenmessung". Es darf zum Beispiel nicht zu falschen Betonungen eines Wortes kommen, etwa Reinheit, sondern Reinheit. Außerdem forderte Opitz als Grundlage für die deutsche Sprache "Gelehrsamkeit, Sittlichkeit und Patriotismus". Er wollte mit seiner "Deutschen Poeterey" dem "Vaterland dienen und der Poesie in der Muttersprache Glanz geben".
Als er sich 1625 einer Gesandtschaft schlesischer Fürsten und Stände anschloß, welche bei Kaiser Ferdinand II. einen Besuch anstrebte (anläßlich des Todes seines Bruders), überreichte Opitz dem Monarchen ein Beileidsepos.

Der hocherfreute Kaiser krönte den Dichter zum "Poeta laureatus" und erhob ihn zwei Jahre später sogar in den Adelsstand. Zuvor jedoch trat Opitz in den Dienst des Burggrafen Karl Hannibal von Dohna, der als Breslauer Kammerpräsident die Gesandtschaft nach Wien geführt hatte. Martin Opitz von Boberfeld war nun politischer Ratgeber, Geheimschreiber und Gesandter, wobei ihm der Burggraf, welcher die schlesischen Protestanten gewaltsam in die Katholische Kirche zurückbringen wollte, persönliche Religionsfreiheit zusicherte.
Weiteren Ruhm verdiente sich Martin Opitz mit seinen Gedichten "Teutsche Poemata". Später folgten "Weltliche und Geistliche Poemata". So wurde er auch 1629 als "der Gekrönte" in die "Fruchtbringende Gesellschaft" aufgenommen. Oberhaupt dieses "Palmenordens", in dem Mitglieder ohne Rücksicht auf Stand und Religion (!) zur gemeinsamen Pflege der Muttersprache aufgenommen wurden, war Ludwig Fürst von Anhalt, "der Nährende". Mitglied dieser Gesellschaft war auch der Große Kurfürst, welcher einst in einem Manifest mahnte: "Gedenke, daß du ein Deutscher bist!"
Auf Reisen für von Dohna besuchte Opitz auch den polnischen König Sigismund III. und fuhr nach Paris, wo er neben diplomatischen Missionen auch Verbindungen zu Gelehrten wie dem aus Holland verbannten Staatsrechtslehrer Hugo Grotius, herstellen konnte. Als die Kaiserlichen 1632 aus Schlesien vertrieben wurden, floh der Burggraf nach Prag, wo er bald starb. Opitz "wechselte die Fronten" (zumal er die Verbindungen zum evangelischen Lager nie abgebrochen hatte). Er kam zunächst zum schwedischen Reichskanzler Oxenstierna nach Frankfurt am Main und fand in Ulrich von Holstein einen neuen Gönner. Ihm widmete er die 1621 in Jütland gedichteten vier Bücher "Trostgedichte..." mit den Worten: "Hort meines Vaterlandes und der Freiheit". Mitte der 30er Jahre diente Opitz den Piastenherzögen Johann Christian

von Brieg und Georg Rudolf von Liegnitz als Sekretär, Historiograph und Rath, bis auch er - wie zahllose schlesische Flüchtlinge - in Polen eine Bleibe fand. Martin Opitz ging es seelisch schlecht, auch war er in Geldnöten. Da nahm sich in Thorn Wladyslaw II. König in Polen seiner an. Der Dichter verfaßte ein Lobgedicht auf ihn und wurde fortan als Hofgeschichtsschreiber mit diplomatisch-politischen Angelegenheiten betraut.

Nachdem Martin Opitz sich nicht nur für die damals beliebte Schäferdichtung einsetzte und durch seine Übertragung des Romans "Arcadia" von Sir Philipp Sisneys in die deutsche Sprache, den Reiz dieser Literaturgattung auch in Deutschland erkennen ließ, dichtete er sogar eine eigene "Schäfferey von der Nimfen Hercinie", (sie spielt im Riesengebirge). 1636 besuchte Opitz die Dichter Simon Dach und Robert Roberthin. Er wurde fürstlich empfangen und hoch geehrt...
Schließlich zog er nach Danzig, sandt politische Lageberichte nach Schweden. Hier in der Stadt am Weichseldelta überfiel ihn die Pest, als er einem Bettler Almosen schenkte. Noch kurz vor seinem Tod hatte Opitz durch einen Druck des mittelalterlichen "Annoliedes" der deutschen Kultur ein bedeutsames Poem vor dem Verschollensein bewahren können.
Als Martin Opitz von Boberfeld am 20.August 1639 starb, klagten viele Dichter um ihren "Herzog deutscher Saiten".- Er war mit seiner Lehre und seinen Musterbeispielen ihr Meister zum Wohle für die deutsche Dichtkunst.

"Geh´ aus mein Herz und suche Freud..."

Paul Gerhardt zum 400. Geburtstag

"Wie unter den Minnesängern Walther von der Vogelweide, unter den Meistersingern Hans Sachs, so ragt unter den Kirchenliederdichtern als fürstliches Haupt Paul Gerhardt hervor." So schrieb vor rund hundert Jahren J.Howald in seiner "Geschichte der deutschen Literatur". Und auch in unserer Zeit gilt er nach Martin Luther als bedeutendster evangelischer Liederdichter des 17.Jhs., "dem ein warmes Empfinden und dichterische Individualität auszeichnen". Nach wie vor finden wir seine Lieder in großer Zahl im "Evangelischen Kirchengesangbuch". Selbst in das "Katholische Gebet- und Gesangbuch 'Gotteslob'" wurden einige seiner schönsten Lieder aufgenommen, wie "Ich steh´ an deiner Krippe hier" oder "O Haupt voll Blut und Wunden", bekannt aus J.S.Bachs "Matthäuspassion"..
Vielleicht sprachen und sprechen Paul Gerhardts Gedichte die Menschen deshalb so stark an, weil sie einer liebevollen Herzlichkeit entspringen, einer natürlichen frommen Empfindsamkeit und eines unerschütterlichen tiefen Gottvertrauens.
Der Theologe und Dichter Paul Gerhardt wurde am 12.März 1607 als Sohn eines Bürgermeisters in Gräfenhainichen bei Wittenberg in Kursachsen geboren. Er genoß als Knabe eine "sorgfältige Erziehung" und erlangte in der Fürstenschule zu Grimma (Sachsen) eine "gute Bildung im Geist evangelischer Frömmigkeit". Im Zeugnis des Rektorats wird dem jungen Mann bescheinigt:"ein leidlicher Dichter" zu sein (Versiculi quoque tolerabiles). - Das war damals eine Anerkennung seiner Leistung!
Gerhardt studierte Theologie in Wittenberg, bevor er 1642 eine Stelle als Hauslehrer bei der Familie des Kammergerichtsadvokaten Barthold in Berlin antrat. Er

war bereits 48 Jahre alt, als er dessen Tochter Anna Maria heiratet. Gewiß war der späte Ehestand darin begründet, daß der langjährige Theologie-Kandidat bedingt durch die schlimmen Zeiten des 30jährigen Krieges erst Anfang der 50er Jahre des 17.Jhs. zum Propst ernannt wurde. Es war ein "rauhes Arbeitsfeld" zu Mittenwalde in der Mark Brandenburg. Ab 1657 war Gerhardt Diakon an der Nikolaikirche in Berlin. (Eine Gedenktafel an der Kirche erinnert an den beliebten Geistlichen.)
Begeistert hatte Paul Gerhardt 1648 den Westfälischen Frieden begrüßt: "Gottlob, nun ist erschollen / Das edle Fried- und Freudenwort... Wolauf, und nimm nun wieder / Dein Saitenspiel hervor / O Deutschland!und sing Lieder... Erhebe dein Gemüte / Und danke Gott und sprich: Herr, deine Gnad´ und Güte / Bleibt dennoch ewiglich." In jenem Jahr erschienen in Kantor Joh. Crügers Praxis pietatis 18 Lieder von Paul Gerhardt und begründeten seinen Ruhm als evangelischer Liederdichter. "Harmonisch vereinigen seine Lieder das Wesen der alten und einer neuen Zeit, auch nach ihrer Form. Denn sie führen Luthers Sprache die Bahn, die ihr Opitz gewiesen." (Howald.) Und Paul Fechter bekennt: "Paul Gerhardts Lyrik trifft den Ton, der zugleich Ton des Volkes ist."
Leider können hier von den mehr als zehn Dutzend Liedern Paul Gerhardts nur ein Gutteil genannt werden. Er geleitet die Gläubigen durch das Kirchenjahr, stimmt uns ein zum Advent: "Wie soll ich dich empfangen und wie begegn ich dir, o Jesu..." Zu Weihnachten jubelt Gerhardt: "Fröhlich soll mein Herze springen" und "Kommt und laßt uns Christum ehren." Das neue Jahr begrüßt er; "Nun laßt uns gehn und treten mit Singen und mit Beten zum Herrn..." Zur Passionszeit erklingt eines der erschütterndsten Lieder, die das Leiden Christi beklagen: "o Haupt voll Blut und Wunden", geschaffen nach der aus dem 12.Jh. stammenden lateinischen Hymne "Ave caput cruentatum" des Hl.Bernhard von Clairvaux, sowie "Ein

Lämmlein geht und trägt die Schuld". Beglückt erlebt Gerhardt das Osterfest: "Auf, auf, mein Herz, mit Freuden..." Und zu Pfingsten heißt es: "Zeuch ein zu deinen Toren,sei meines Herzens Gast...o hochgeliebter Geist..." Im Sommer schenkt uns der Dichter zwei der innigsten Volkslieder in deutscher Sprache: "Nun ruhen alle Wälder" - es war das Lieblingslied des jungen Friedrich Schiller - und die Hymne: "Geh´ aus mein Herz und suche Freud". Dieses Abendlied wird oft mit Matthias Claudius´"Der Mond ist aufgegangen", verglichen.
Am Morgen begrüßt Gerhardt "Die güldene Sonne voll Freud und Wonne". Und am für viele Paare schönstem Tag im Leben, ruft er den Brautleuten zu: "Wie schön ist's doch Herr Jesu Christ im Stande, da dein Segen ist, im Stande heilger Ehe!" Natürlich spart der fromme Mann auch den Tod nicht aus und erinnert die Hinterbliebenen daran: "Ich bin ein Gast auf Erden... der Himmel soll mir werden, da ist mein Vaterland". Und zum Trost sagt er: "Warum sollt ich mich denn grämen, hab ich doch Christum noch..."
Beschließen wir den Reigen mit einigen besonders bekannten und beliebten Versen Paul Gerhardts: "Wach auf mein Herz und singe" und "Befiehl du deine Wege", die neben anderen Texten kein Geringerer als Johann Sebastian Bach vertonte. Besonders liebte der Archäologe und Kunstgelehrte Joh. Joachim Winckelmann das Lied: "Ich singe dir mit Herz und Mund, Herr, meines Herzens Lust..." Während eines Italienaufenthaltes vermißte der zum Katholizismus Konvertierte just diesen Text im Gesangbuch.
Der Literaturwissenschaftler Eduard Engel brachte das reiche lyrische Schaffen auf den Nenner: "Seine geistlichen Gedichte sind unvergängliche Perlen nicht nur des kirchlichen Gesangbuches, sondern des deutschen Liederschatzes überhaupt".
Doch so sehr auch die Menschen Paul Gerhardt verehrten und seine Lieder schätzten, sein Leben war fortan von

Schatten getrübt. In Berlin walteten damals Lehrstreitigkeiten zwischen Lutheranern und Reformierten. Der Große Kurfürst - selbst reformiert - strebte eine evangelische Union an und wollte die Zwistigkeiten der Pfarrer untereinander unterbinden. Er verlangte von den Geistlichen, schriftlich zu versprechen: sich aller Schmähungen gegen Andersdenkende auf der Kanzel zu enthalten. Zwar hatte sich Paul Gerhardt zu keiner Verketzerung hinreißen lassen, sah aber in diesem "Toleranz-Edikt" als aufrechter und überzeugter Lutheraner eine Einschränkung der Lehrfreiheit und verweigerte 1664 seine Unterschrift. Darauf suspendierte ihn Friedrich Wilhelm 1667 seines Amtes. Gerhardts Gemeinde trauerte. Bittschriften an den Kurfürsten mit dem Bezeugen: "Gerhardt sei ein frommer und exemplarischer und dabei friedliebender Theologus", waren erfolgreich. Zwar setzte der Monarch den Prediger wieder ein, erwartete aber: dieser werde auch ohne Unterschrift den Befel beherzigen. Aber der treue Gerhardt geriet derart in Gewissensnot, daß er auf sein Amt verzichtete. Getragen von der Liebe seiner Gemeinde war er nun zwar ohne Stelle, mußte aber nicht darben.
Zu jener Zeit erschienen auch Pauli Gerhardis "Geistliche Andachten". - Nach dem Gerhardt bereits drei kleine Kinder an den Tod verloren hatte, starb 1668 auch seine Frau. Von der Familie blieb ihm nur noch ein 6jähriges Söhnchen. Doch seine Schwägerin betreute ihn, kümmerte sich um den Haushalt.
1669 wurde Paul Gerhardt als Archidiakon nach Lübben im Spreewald berufen. Er fühlte sich einsam, wurde verdrießlich. 1676 nahte des Lebens Ende. Strittig ist der Tag seines Todes. Es wird sowohl der 27.Mai genannt, wie auch der 7.Juni. In der Hauptkirche zu Lübben, nahe dem Altar, fand Paul Gerhardt seine letzte Ruhestätte. Ein Ölbild erinnert an ihn. Die lateinische Unterschrift lautet: "Ein Theologe im Siebe Satans gesichtet" (Lukas 22,31).

Meister der barocken Dichtkunst

Paul Fleming zum 400.Geburtstag

Von namhaften Literaturwissenschaftlern wie Georg Ried, Adolf Bartels, Wolfgang Kayser, wird der Barockdichter Paul Fleming (auch "Flemming") als der bedeutendste Lyriker des 17.Jahrhunderts gerühmt.
Als Sohn eines protestantischen Pfarrers wurde er vor 400 Jahren, am 5.Oktober 1609, in Hartenstein an der Zwickauer Mulde geboren. Ab 1626 studierte Fleming Philosophie und Medizin in Leipzig. Nebenbei unterrichtete ihn sein Freund, der Komponist Johann Hermann Schein,in Musik. Dieser war damals Kantor der Schule und Kirche St.Thomas und "Director musices". Gemeinsam mit Adam Olearius (Ölschläger) gehörte Fleming zum "Studentischen Dichterkreis".
Dank Martin Opitz, dem Vater der "Deutschen Poeterey", schrieb der junge Dichter seine Verse bald auch in deutscher Sprache, nachdem er mit lateinischen Texten begonnen hatte. Er war des Altmeisters begabtester Schüler, nannte Opitz "Herzog deutscher Saiten", hat ihn aber später an Qualität und Schönheit der Dichtkunst weit übertroffen. Dies hatte damals auch der früheste Literaturgeschichtsschreiber Daniel Morhof erkannt:"Es steckt ein unvergleichlicher Geist in Fleming, der mehr auf sich selbst als auf fremder Nachahmung beruhet."
Nach erfolgreicher Veröffentlichung erster Dichtungen wurde Paul Fleming 1631 zum "Dichter gekrönt". Die Dichterkrönung entstammt einem Brauch in der Antike. Im Mittelalter (ff.) wurden Dichter durch Kaiser geehrt.Kaiser Friedrich III. (1415-1493) krönte Konrad Celtis (auch Celtes - 1459-1508) als ersten Deutschen zum Dichter. Der Poeta laureatus genoß ähnliche Rechte wie ein Doktor. Im Jahr der Krönung erschienen auch Flemings

Werke: "Davids Bußpalme und Manasse Gebet" in deutsche Reime gebracht und "Rubella seu Suaviorum liber" (=Rubella oder das Buch der Küsse). 1632 folgte "Klagegedichte über... Leiden und Tod... Jesu Christi" und 1633 "Königisches Klagelied auf Gustav Adolf".
Paul Fleming wurde fortan verehrt, vor allem als Meister geistlicher Lieder, obwohl die Zahl seiner weltlichen Gelegenheitsgedichte, des sächsischen Gesellschaftsliedes, der Trinkgesänge, Freundschafts- und Vaterlandsoden, besonders aber seiner Liebeslieder - wesentlich umfangreicher war. In seinen Versen über die Liebe war er ein früher poetischer Bruder des von Goethe hochgeschätzten Lyrikers Johann Christian Günther. Entzückend ist zum Beispiel das schelmische Lied "Wie er wolle geküsset seyn", von dem Fleming später selbst meinte: "Es war fast gar zu deutsch!"

"Nirgends hin als auf den Mund,
Da sinkts in des Hertzen Grund;
Nicht zu frey, nicht zu gezwungen.
Nicht mit gar zu fauler Zungen.
Nicht zu wenig, nicht zu viel;
Beydes wird sonst Kinderspiel!
Nicht zu laut, und nicht zu leise;
Beyder Maß ist rechte Weise...
Nicht zu harte, nicht zu weich,
Bald zugleich, bald nicht zugleich...
Halb gebissen, halb gehaucht,
Halb die Lippen eingetaucht...
Küsse nun ein Jedermann.
Wie er weiß, will, soll und kan!"
(gekürzt)

Eines der anrührendsten Gedichte ist Flemins Lied:"Auf Herrn Poli neugeborenen Töchterlein Christinen ihr Absterben".

"Ist's denn wieder schon verloren?
War es doch kaum recht geboren

Das geliebte schöne Kind...
Also hast du dich verborgen,
Blümlein, um den sechsten Morgen.
Liegest tot nun hingestreckt.
Und hast durch das schnelle Scheiden
Deinen frommen Eltern beiden
Ein sehr langes Leid erweckt.
Diesen Korb voll Anemonen...
Streuen wir auf deine Gruft.
Schlafe ruhsam in dem Kühlen,
Um dich her soll ewig spielen
Die gesunde Maienluft". -
(gekürzt)

Wie hart klingt hingegen seine "Klage über Änderung und Furchtsamkeit jetziger Deutscher":

"Jetzt fällt man uns ins Mahl,in uns're vollen Schalen .
Wie man uns jüngst gedräut.
Wo ist nun unser Mut?...
Was ängstigen wir uns doch und legen Rüstung an.
Die doch der weiche Leib nicht um sich Leiden kann?
Des großen Vaters Helm ist viel zu weit dem Sohne.
Der Degen schändet ihn.
Wir Männer ohne Mann.
Wir Starken auf dem Schein -
So ist's um uns getan.
Uns Namensdeutsche nur!
Ich sag's auch mir zum Hohne?"
(gekürzt)

Inmitten des 30jährigen Krieges mußte Fleming sein Studium aufgeben. Doch statt in die Schlacht zu ziehen,durfte er als Hofjunker und Truchsess eine Gesandtschaft von Friedrich III. Herzog von Holstein-Gottorp, nach Moskau begleiten. Ziel des Unternehmens war es: Einen Handelsweg durch Rußland nach Persien zu erkunden. Im November 1633 begann die Fahrt ab Hamburg mit Zwischenaufenthalt in Reval. Die Expedition dauerte insgesamt

mehrere Jahre und bestand aus zwei Teilen. Endete die erste in Moskau, führte die folgende weiter durch Rußland und andere ferne Länder bis nach Ispahan in Persien. Die Abenteuer zu Wasser und zu Land inspirierten den jungen Dichter zu Schilderungen seiner Erlebnisse in Gedichten. Und sein Gefährte Adam Olearius, der gleichfalls an den Reisen teilnahm, erläuterte Flemings Texte mit seiner "Beschreibung der newen Orientalischen Reise" (erschienen 1647), und begründete damit die wissenschaftliche Reisebeschreibung. Mancherlei Gefahren lauerten unterwegs: Kämpfe und Schiffbrüche, sowie der "weichen Cirkassinnen" sirenenhafte Lockungen. Merkwürdige Begegnungen mit fremden Völkern und deren Sitten und Gebräuche. Dazu kam gelegentlich das Heimweh nach dem fernen Vaterland. Doch blieb Fleming von der orientalischen Dichtkunst unbeeinflußt, während A.Olearius Werke der persischen Literatur übersetzte.
Vor Antritt der zweiten Reise (1635) dichtete Fleming eines der schönsten und bekanntesten geistlichen Gedichte "In allen meinen Thaten..." Es gehört auch heute noch zu den beliebtesten Liedern im Evangelischen Kirchengesangbuch:

"In allen meinen Thaten
Laß ich den Höchsten raten,
der alles kann und hat,
Er muß zu allen Dingen,
soll's anders wohl gelingen,
mir selber geben Rat und That.
Ich traue seiner Gnaden,
die mich vor allem Schaden,
vor allem Übel schützt,
leb' ich nach seinen Sätzen,
so wird mich nichts verletzen,
nichts fehlen, was mir ewig nützt...

Ihm hab' ich mich ergeben,
zu sterben und zu leben,
sobald er mir gebeut,
es sei heut' oder morgen,
dafür laß' ich ihn sorgen,
er weiß allein die rechte Zeit...
Sein Engel, der getreue,
macht meine Feinde scheue,
tritt zwischen mich und sie,
durch seinen Zug, den frommen,
sind wir soweit nun kommen
und wissen selber fast nicht wie..."
(Auszug, Strophe 1,4,8,13)

Ebenbürtig ist auch sein Liedertext: "Ein getreues Herze wissen..." Fleming schrieb es für seine erste Verlobte. Doch sie war dieses innige Bekenntnis nicht wert. Ihre Treulosigkeit hat den Dichter tief verletzt.

"Ein getreues Herze wissen
Hat des höchsten Schatzes Preis.
Der ist selig zu begrüßen.
Der ein treues Herze weiß.
Mir ist wohl bei höchstem Schmerze.
Denn ich weiß ein treues Herze...
Gunst, die kehrt sich nach dem Glücke.
Geld und Reichtum, das zerstäubt.
Schönheit läßt uns bald zurücke -
Ein getreues Herze bleibt.
Mir ist wohl bei höchstem Schmerze:
Denn ich weiß ein treues Herze..."
(Auszug, Strophe 1+4)

Auch mit seiner zweiten Braut war ihm kein Glück beschieden. Nach seiner Rückkehr aus Persien setzte Fleming 1639 sein Studium an der Universität Leiden fort und promovierte im Folgejahr zum Doktor der Heilkunde. Nun wollte er seine künftige junge Frau abholen, eine Kaufmannstochter aus Reval, um mit ihr in Hamburg einen eigenen Hausstand zu gründen und sich als Arzt niederzulassen. Auf der Fahrt nach Estland starb Fleming, erst 30 Jahre alt, am 2.April 1640. In St.Katharinen zu Hamburg liegt er begraben. Eine Tafel erinnert an den hochbegabten, bis heute unvergessenen Dichter. Auf ihr lesen wir wie ein Vermächtnis Paul Flemings letztes Gedicht, das er drei Tage vor seinem Tod auf dem Sterbebett geschrieben und selbst zur Grabschrift bestimmt hatte:

"Ich war an Kunst und Gut und Stande
groß´und reich, des Glückes lieber Sohn.
Von Eltern guter Ehren. Frei. Meine.
Kunte mich aus meinen Mitteln nehren.
Mein Schall floh überweit.
Kein Landsmann sang mir gleich -
Man wird mich nennen hören, bis daß die
letzte Glut dies alles wird verstören..."
(gekürzt)

Nach Flemings Tod gab sein Reisegefährte Adam Olearius die Sammlung "Poetischer Gedichten Prodromus" heraus (1641). Ein Jahr später erschien "Teutsche Poemata". 1649 folgte die "Epigrammata latina" und 1651 "Geistliche und weltliche Poemata".

Simplicissimus in Krieg und Frieden

Johann Jacob Christoph von Grimmelshausen zum 375.Geburtstag und 320.Todestag

Nachdem die Literaturwissenschaftler noch bis weit in die zweite Hälfte des 20.Jahrhunderts hinein rätselten, wann Johann Jacob Christoph von Grimmelshausen geboren wurde: um 1622? vielleicht schon 1620 oder gar erst 1625? gelang es nach neuesten Forschungen und Berechnungen festzustellen, daß der bedeutendste Erzähler des 17.Jahrhunderts im Frühjahr 1621 in Gelnhausen zur Welt kam, am 17. oder 21.März (vielleicht bedeuten die Daten den Tag der Geburt und der Taufe). Wir können somit 1996 seines 375.Geburtstages gedenken. Sein Geburtshaus in der Schmiedgasse 12, der Gasthof "Weißer Ochse", ist das heutige Grimmelshausen-Hotel". Grimmelshausen stammte aus der seit dem 12.Jh. nachweisbaren thüringischen Adelsfamilie von Grimoldeshusen, die wohl im Ansehen gesunken war, denn der Großvater des Dichters hatte sich in Gelnhausen niedergelassen und nannte sich schlicht Melchior Christoph (auch Christoffel). So hieß der Enkel zunächst auch nur Johann (Hans) Jacob Christoff; den alten Adelsnamen von Grimmelshausen fügte er erst 1648 wieder hinzu, nachdem er durch seine Werke berühmt und durch seine Leistungen als Amtsperson in der Gesellschaft respektvolle Anerkennung erworben hatte.
Seine Romane und Erzählungen schrieb Grimmelshausen gern unter verschiedenen Pseudonymen wie Philarcho Grosse von Trommenheim, und er nannte sich als Schriftsteller auch nach seiner Vaterstadt "Gelnhusanus". Unstrittig war schon immer sein Todestag: er starb am 17.August 1676 in Renchen im Tal des Oberrheins - also vor nunmehr 320 Jahren.
Hans Christoffels Vater starb früh, seine Mutter Gertraud zog mit dem zweiten Ehemann, dem Barbier Johannes Burck,

nach Frankfurt am Main. Der 6jährige Bub blieb beim Großvater und besuchte die Lateinschule. Als sich die Schrecknisse des Dreißigjährigen Krieges 1634 auch über Gelnhausen ausbreiteten, flüchtete er mit anderen Bürgern in die nahen Wälder. Allein zurückgekehrt, fand er eine Totenstadt: "die Stadttore dort offen, zum Teil verbrannt, zum Teil noch halb mit Mist verschanzt. Ich ging hinein, konnte aber keinen lebenden Menschen finden; wohl aber lagen die Gassen mit Toten überstreut, von denen etliche ganz, etliche bis aufs Hemd ausgezogen waren. Dieser jämmerliche Anblick war erschreckend für mich, wie jedermann sich denken kann..."

Nachdem sich der Knabe in die benachbarte Festung Hanau begeben hatte, wurde er zunächst als vermeintlicher Spion verhaftet, doch konnte ihn der auch dort weilende Gelnhausener Pfarrer rasch wieder freibekommen. Der Festungskommandant Ramsay nahm ihn als Page zu sich, nutzte aber des Kindes Unwissenheit aus und ließ ihn als "Simplicius Simplicissimus" in eine Musterrolle einschreiben. Wenig später wurde Hans mit anderen Jungen, die sich auf den zugefrorenen Festungsgräben tummelten, von kaiserlich-kroatischen Soldaten verschleppt. Sie mußten ihnen beim Rauben und Plündern helfen. Zahllose Knaben wurden in jenen Jahrzehnten des längsten Krieges in Deutschland, entführt, mußten als Troßbuben und Pferdeknechte dienen, später auch als Soldaten kämpfen - heute kaiserlich-katholischen, morgen auf der schwedisch-protestantischen Seite. Frühzeitig sahen sie Greuel, Not und Tod, lernten rasch selbst das blutige Handwerk. Einer unter ihnen, Johann Jacob Christoph von Grimmelshausen hat alle Schrecknisse des Dreißgjährigen Krieges erlebt, erlitten und letztlich überstanden. In seinem Werk, das als erster neuer deutscher Roman gilt: "Der Abentheurliche Simplicissimus Teutsch", schrieb er seine Erlebnisse und Erfahrungen nieder, 20 Jahre nach dem "Westfälischen Frieden" von 1648. Als das Buch, welches bis heute nichts

an seiner Aussagekraft und Faszination verloren hat,erschien, wurde sein Autor in kürzester Zeit weltberühmt. Gewiß finden wir in Grimmelshausens Hauptwerk neben bis in Einzelheiten genau beschriebenen realistischen Geschehnissen der Lebens- und Leidensjahre der Menschen jener Zeit auch Dichtungen, die einer grandiosen Phantasie entspringen, aber auch gerade deswegen den "Simplicissimus" poetisch bereichern.
Hans Christoffel diente ab 1635 in den Folgejahren in verschiedenen Armeen, erlebte wahrscheinlich die Belagerung Magdeburgs und den Kampf bei Wittstock, kam dann vermutlich im Dezember 1636 als Pferdejunge in das Leibregiment des Grafen Johann von Götz, nahm an Aufenthalten in den Winterquartieren zu Soest und Dortmund, sowie an der Schlacht bei Wittenweier teil und kämpfte wohl zwei Monate später, bereits selbst mit als Soldat, um die Breisacher Rhein-Schiffbrücke.
Als der neue Offenburger Stadtkommandant Hans Reinhard von Schauenburg Soldaten zur Stadtverteidigung anwarb, wurd Hans Christoffel wieder "aktenkundig", denn er meldete sich im Juli 1639 als Musketier bei ihm. 1645 wird der Garnisonssoldat Schreiber in der Regimentskanzlei.Von seinem Vorgesetzten, dem Secretarius Magister Johannes Witsch, lernte er nicht nur den Innendienst eines Regiments kennen, sondern mancherlei geistige und moralische Bildung, und er lehrte ihn auch: stolz zu sein auf die "teutsche Nation und ihre Sprache". Hans Christoffel bezog ein Monatsgehalt und stieg auf der Sozialleiter der Gesellschaft empor. Verschiedene Schriftstücke aus seiner Hand sind erhalten geblieben, u.a. Berichte an den Kaiser in Wien und den Kurfürsten Maximilian I.von Bayern, welcher das Oberkommando über das Festungsregiment von Schauenburg ausübte. Außerdem zeichnete er Grundrisse und Gebäude.
In jenen Jahren ist Grimmelshausen der Katholischen Kirche beigetreten. Eintragungen ins katolische Taufbuch

- er wird zweimal als Taufpate erwähnt - bezeugen dies. Außerdem wird er später in seiner Heiratsurkunde als Katholik bezeichnet. In den letzten Kriegsmonaten reiste Hans Christoffel als Regimentssekretär mit Freiherr von Elter, dem Schwager seines Dienstherrn, nach Wasserburg am Inn. Es galt, Schweden und Franzosen den Weg nach Wien zu behindern.
1649 nach Offenburg heimgekehrt, vermählte er sich am 30.August mit Katharina Henninger, der 21jährigen Tochter eines befreundeten Wachtmeister-Leutnants aus Zabern im Elsaß. Fortan nannte er sich nun Johann Jacob Christoph von Grimmelshausen. Er wird von den Vettern Hans Reinhard und Carl von Schauenburg als Schaffner in Gaisbach bei Oberkirch bestallt, d.h. als Verwalter der Schauenburgischen Güter, eine schwierige Aufgabe, denn nicht nur die enormen Kriegsschäden mußten bewältigt werden, sondern auch die Verwaltung mußte neu aufgebaut werden. Grimmelshausen war beauftragt den Neubürgern,bzw. den abhängigen Bauern (Hintersassen) die Gaisbacher Polizei-Ordnung vorzutragen und ihnen den Eid darauf abzunehmen. Er mußte den Zehnten für seine Dienstherren eintreiben und war Kirchenpfleger der Gaisbacher Kapelle.
Als Entgeld erhielt der herrschaftliche Inspektor 50 Gulden jährlich, dazu Spesen für Dienstreisen, sowie reichlich Korn und Wein.
Grimmelshausen zog mit seiner jungen Frau ins Schaffneigebäude zu Gaisbach, wo auch bald sein Sohn Franciscus geboren wurde. Mitte der 50er Jahre des 17.Jhs entstand eine Krise im Dienstverhältnis zwischen den Herren von Schauenburg und ihrem Gutsverwalter, der vermutlich von den durch den Krieg verarmten Bauern nicht genügend Gelder und landwirtschaftliche Produkte abgeliefert bekommen hatte. Dennoch blieb ein gutes Verhältnis zwischen den Adligen und Grimmelshausen auf Dauer bestehen, auch nach dem Ende des Geschäftsjahres 1659/60 letzterer seine Schaffnertätigkeit beendete. Dies beurkunden mehre-

re Schriftstücke über die Annahme von Patenschaften und die Widmungen einiger Werke des Dichters an Mitglieder der Schaumburgischen Sippschaft.
1656 hatte Grimmelshausen begonnen das ihm von Philipp Hannibal von Schauenburg übereignete steinerne Schaffneihaus umzubauen. In seinem neueingerichteten "Oberen Wirtshaus" zu Gaisbach schenkte er vor allem Wein aus. Später baute er sich auf seinem schon früher erworbenen Grundstück, der sogenannten "Spitalsbühne", seine Wirtschaft "Zum Silbernen Sternen". (Das Gasthaus existiert noch heute in der Simplicissimusstraße 8.) Grimmelshausen war hier bis 1667 Gastwirt; auch trieb er Handel mit Pferden und Wein. Hier in Gaisbach begann er auch seine neue, bald erfolgreiche Laufbahn als kritischer und satirischer Schriftsteller. Höchstwahrscheinlich schrieb Grimmelshausen bereits hier schon außer seinen frühen Büchern "Der fliegende Wandersmann nach dem Monde (Übersetzung nach einer französischen Erzählung, 1659) und "Traumgeschichten" (1660) auch Teile seiner Hauptwerke, den "Simplicissimus" und die "Simplicionischen Schriften". Dennoch trat Grimmelshausen 1662 noch einmal das Amt eines Schaffners an. Neuer Lehensinhaber der Ullenburg bei Tiergarten war Dr.Johannes Küeffer aus Straßburg, Leibarzt namhafter Persönlichkeiten wie der Bischof von Straßburg oder die Markgrafen von Baden. Dr.Küeffer hatte sich verpflichtet, die Burg auf dem Schloßkopf wieder aufzubauen. Grimmelshausen sollte ihm dabei als Burgvogt behilflich sein.
Seinen letzten Lebensabschnitt begann Johann Jacob Christoph von Grimmelshausen im Sommer 1667 als Bürgermeister von Renchen. Persönlich hatte er sich beim Fürstbischof von Straßburg um das freigewordene Amt beworben. Und da er - neben seinem guten Leumund - einige Liegenschaften als Bürgschaft einsetzen konnte und ihm sein Schwiegervater mit Bargeld aushalf, stand einer Ernennung zum Bischöflich-Straßburgischem Schultheiß nichts im

Wege. Unter dem 5.August 1668 wird im "Renchener Kirchenbuch" Grimmelshausen erstmals in der Stadt genannt,"als Pate eines Zigeunerkindes".
Neun Jahre blieb Grimmelshausen (bis zu seinem Tod 1676) im Amt. In jener Zeit mußten die Einwohner des Renchtales erneut unter Kriegswirren leiden. Ludwig XIV.König von Frankreich, kämpfte mit seinem Heer gegen die Habsburger, Holländer und das Deutsche Reich um die Vormacht am linken Rheinufer. Grimmelshausen bemühte sich vor allem bei den Landesherren um eine gerechte Verteilung der Lasten auf alle Gerichtsorte. Er selbst geriet zeitweilig in den Sog der Kriegsmaschinerie, konnte jedoch seine Pflichten als Schultheiß weiter wahrnehmen.
Nachdem schon 1666/67 Grimmelshausens Erstlinge "Der satyrische Pilgram" (unter dem Pseudonym Samuel Greifnson von Hirschfeld) und "Der keusche Joseph" noch im Schauenburgischen erschienen waren, folgte im letzten Lebensjahrzehnt die fruchtbarste literarische Schaffenszeit des großen Poeten. Buch um Buch wurde veröffentlicht, allen voran 1668 sein fünfbändiges Hauptwerk (zum Teil noch in Mundart verfaßt): "Der Abentheurliche Simplicissimus Teutsch", welches schon im nächsten Jahr in 2.Auflage, sprachlich verbessert, verlegt wurde. Ab 1670 kamen die "Simplicianischen Schriften", d.h. Ergänzungen zum Simplicissimus heraus. Ebenso "Trutz Simplex - Oder ausführliche und wunderseltzame Lebensbeschreibung Der Ertzbetrügerin und Landstörtzerin Courasche...", sowie "Der seltzame Springinsfeld"; außerdem die Schrift "Der erste Beernhäuter" und die ihm angefügte Publikation "Simplicissimi wunderliche Gaukel Tasche". Sie war zur Belustigung der Leser gedacht, Zwei Jahre später erschienen "Verkehrte Welt" (Verdrehung von irdischen in höllisches Leben".) - "Rathstübel Plutonius Oder Kunst Reich zu werden" (Satire, Lehrschrift) und "Stoltzer Melcher". Mit diesem Text versuchte Grimmelshausen junge Männer vor Werbern des Franzosenkönigs zu warnen.Auch Teil 1. des

"Vogelnest" publizierte er 1672, dessen 2.Teil 1675 folgte. (Ein Vogelnest macht unsichtbar; verfaßt unter Pseudonym Michael Rechulin von Semsdorff). 1673 schließlich veröffentlichte der Autor seinen "Bart-Krieg"(Streit über verschiedenfarbige Bärte), den "Teutschen Michel" (über die deutsche Sprache und Sprachgesellschaften,die die Sprache verkünstelten) und das "Galgen-Männlein" (Zauberei mit der Alraunwurzel). Außerdem dichtete Grimmelshausen Werke, die nichts mit dem Simplicissimus zu tun hatten, wie den höfischen Roman "Dietwald und Amelinde" (1670) im Modestil der Zeit oder "Ratio Status" (1670); König Davids Gottvertrauen als Vorbild. Schließlich gab der Renchener Schultheiß auch einige Kalender und den "Ewig-währenden Calender" heraus.

Beenden wir das Gedenken an Hans Jacob Christoffel von Grimmelshausen mit der ersten Strophe des bezaubernden Gedichts, dem "Lied des Einsiedels:

"Komm, Trost der Nacht, o Nachtigall!
Laß deine Stimm mit Freudenschall
Aufs lieblichste erklingen;
Komm, komm und lob den Schöpfer dein,
Weil andre Vögel schlafen fein
Und nicht mehr mögen singen;
Laß dein Stimmlein
Laut erschallen, denn vor allen
Kannst du loben
Gott im Himmel hoch dort oben..."

Angelus Silesius
Der cherubinische Wandersmann

Leben und Werk des Johann Scheffler

Nicht nur mit seinen christlichen Liedern, von denen einige nach wie vor beliebt und im Evangelischen Kirchengesangbuch aufbewahrt sind, wie "Mir nach, spricht Christus, unser Held" oder "Auf, Christenmensch, auf, auf zum Streit", hat sich Johann Scheffler ein bleibendes Denkmal geschaffen, sondern vor allem mit seinen beiden Hauptwerken "Der cherubinische Wandersmann" und "Heilige Seelenlust", die er als Angelus Silesius - das ist "Schlesische Bote" - veröffentlichen ließ. Der Dichter hatte seine Alexandriner 1657 zunächst als "Geistliche Sinn- und Schlußreime" bezeichnet, ihnen jedoch 18 Jahre später, nachdem er dem fünfteiligen Werk einen sechsten Band hinzufügte, den poetischen Namen "Der cherubinische Wandersmann" gegeben. Sinnbildlich gemeint ist hierbei "ein wandernder Begleiter auf der Lebensbahn, der wie ein Cherub (Engel) mit seinen ganzen Sinnen der Gottheit zugewendet ist" (Georg Ellinger).

Diese Aphorismen spenden nicht nur Trost und Hoffnung, sondern gewähren Rat und Mut und versuchen durch positive oder negative Bildgleichnisse dem Christenmenschen den wahren Weg zu Gott und Christus zu weisen. Es sind meist schlichte zweizeilige Verse von lyrischer Schönheit,die nur gelegentlich zu barockem Überschwang im Gefühlsausdruck neigen:

"Halt an, wo läufst du hin? Der Himmel ist in dir;
suchst du Gott anderswo, du fehlst ihn für und für."

Daß Angelus Silesius zu den Wegbereitern der modernen deutschen Lyrik gezählt werden muß, beweisen auch seine geistlichen Hirtenlieder, der in ihren JESUM verliebten Psyche", die gleichfalls 1657 unter dem Titel "Heilige Seelenlust" zunächst dreiteilig erschienen. Diese Gedichte - später um zwei Bände erweitert - erzählen aus der Empfindung der Seele als Braut Christi, von seiner unermeßlichen Liebe, mit welcher er den Menschen Hilfe,Heil und Segen spendete:

"Geuß die Flammen deiner Liebe
wie ein großer Strom in mich;
läutre mich, daß ich mich übe,
dich zu lieben würdiglich;
laß mein Herze noch auf Erden
deinem Herzen ähnlich werden!"

Angelus Silesius' Dichtung, welche aus der Gedankenwelt eines Meister Eckhart, Jakob Böhme und Valentin Weigel geboren, aber auch von der Christusmystik des Heiligen Bernhard beeinflußt worden war, löste bei den Pietisten hohe Bewunderung aus. Leibniz schätzte den "poetischen Wert", wie später die Romantiker in diesem Dichter einen Seelenfreund entdeckten.

Johann Scheffler wurde mitten im Dreißigjährigen Krieg in Breslau geboren, am ersten Weihnachtstag Anno 1624, als Sohn eines schon 62jährigen Vaters und einer blutjungen, fast vierzig Jahre jüngeren Mutter. Doch da Maria Scheffler ihren Mann nur kurz überlebte, war Johann erst vierzehn Jahre, als er und seine drei Geschwister Waisen wurden.

Vom Breslauer Elisabeth-Gymnasium, wo er bereits 1641 seinem Lehrer Chrysostomus Schultz ein Sonett zum Geburtstag widmete und durch Christoph Köler (Colerus), erster Biograph des Dichters Martin Opitz, Freude an der Poesie gewann, ging Scheffler 1643 nach Straßburg, um Medizin zu studieren, wechselte ein Jahr später nach Leyden und schloß sein Studium in Padua ab, wo er 1648 zum Doktor der Philosophie und Medizin promovierte.

Im ersten Friedensjahr nach dem großen Kriege wurde Johann Scheffler Leibarzt des Herzogs von Öls, Silvius Nimrod, und praktizierte auch privat. Empört über die strenge Zensur des Hofpredigers Christoph Freitag -

Ohne dessen Genehmigung kein Druckwerk veröffentlicht werden durfte - verließ der Dichter schon nach drei Jahren die Residenz. Die unduldsame Diktatur Freitags war ein maßgeblicher Grund, daß Johann Scheffler aus religiöser Überzeugung 1653 in seiner Heimatstadt zum katholischen Glauben konvertierte.
1654 ernannte Kaiser Ferdinand III. Scheffler zum K.K. Hofmedikus, und als Sebastian von Rostock 1664 Fürstbischof und kaiserlicher Oberhauptmann von Schlesien wurde, betreute dieser ihn mit dem Amt eines Hofmeisters und geistlichen Rates. Doch Scheffler verzichtete bereits zwei Jahre später auf diese Würde, zumal ihm die öffentliche Zeremonie fremd war, wohl auch, weil er seit 1665 kränkelte (vermutlich eine Folge jener Aufregungen und Erschöpfung, die er durch seine glühenden Streitschriften zugunsten der Urkirche im Kampf mit seinen Gegnern erlitt).
Er siedelte in das Stift der Kreuzherren von St.Matthias über, lebte aber auch zeitweilig als Gast des Abtes Bernard Rosa im Kloster Grüssau, welcher 1677 die Herausgabe von Schefflers "Ecclesiologia" förderte, einer Sammlung jener Streitschriften, zu der ihn "die Liebe Christi" veranlaßt habe.
Johann Scheffler war zeitlebens ein Suchender, zwiespältig in seiner inneren Geisteshaltung, heftig agierend, wenn es galt, die nach seiner Auffassung religiöse Wahrheit zu verbreiten und zu verteidigen; andrerseits war er seelisch leicht verwundbar, wenn er aufgrund seiner Herausforderungen angegriffen wurde.
In seinen letzten Lebensjahren lebte er streng asketisch, widmete sich kirchlichen und wohltätigen Werken, half und unterstützte mit seinem Vermögen Arme und Kranke.In dieser Zeit erschien noch ein Lehrgedicht "Sinnliche Beschreibung der vier letzten Dinge" (1675), von den Qualen der Verdammnis und den Freuden der Seligen:

"Kein Laub wird durch den harten Nord
So bald vom Baum gerissen
Kein Schiff treibt Äolus so fort
Als wir vergeben müssen;
Kein Strom fleußt so gar schnell fürbei
Kein Pfeil fleugt so behende
Als unsers Lebens Melodei
Zum Schweigen kommt und Ende.
Betrachte dies o Menschenkind
O Kind der Eitelkeiten
Betracht' es daß du dich geschwind
Zum Tode mögst bereiten!
Verlaß die Welt kehr' dich zu Gott
Erheb' dich von der Erden
Daß du nicht darfst in diesem Tod
Ganz tot und sterbend werden!"

Eine Lungenschwindsucht führte schließlich zum Tode. Am 9.Juli 1677 starb Johann Scheffler, der Cherubinische Wandersmann, in Breslau und wurde in der Matthiaskirche beigesetzt.

Ein Fürst der deutschen Wissenschaft

Gottfried Wilhelm Leibniz zum 350. Geburtstag

Er ermahnte die "Teutschen, ihren verstand und sprache besser zu üben". Er dachte über Sinn und Möglichkeit nach, eine Sprache zum Verständnis aller Menschen zu entwickeln ("Characteristica universale"). Er leitete die "Geschichte der mathematischen Logik" ein, und er setzte sich mit eigenen theologischen Studien, sowie als Gesandter, für eine Vereinigung aller christlichen Kirchen ein: Gottfried Wilhelm Leibniz, den der Germanist Eduard Engel den "Fürst der deutschen Wissenschaft um die Wende vom 17. zum 18. Jahrhundert" nannte. Er wurde am 1.Juli 1646 in Leipzig geboren. Sein Vater, Aktuar (Gerichtsangestellter) und Professor der Moral an der Universität Leipzig, hieß noch "Leibnütz".Er gab bekannt: "21.Junii am Sontag 1646 ist mein Sohn Gottfried Wilhelm ...zur welt gebohren". Es handelt sich bei dieser Angabe um eine ältere Zeitrechnung! Leibniz gebrauchte übrigens die uns bekannte Namensschreibung erst seit 1671.
Der Vater starb, als der Knabe kaum sechs Jahre alt war. "Als ich heranwuchs fand ich am Lesen von Geschichten ein außerordentliches Vergnügen..." Hierzu war durch die umfangreiche Hausbibliothek genügend Gelegenheit vorhanden, ja, Leibniz las bereits mit acht Jahren lateinische Texte. Von Juli 1653 bis Ostern 1661 besuchte er die Nicolaischule. Mit knapp dreizehn Jahren verfaßte er anläßlich einer Schulfeier ein 300 Hexameter langes Pfingstgedicht, das bei seinen Lehrern Bewunderung und Anerkennung hervorrief.
Ab 1661 studierte Leibniz in seiner Heimatstadt Philosophie, vor allem bei Jacob Thomasius, Begründer des wissenschaftlichen Studiums der Philosophiegeschichte, und hörte Vorlesungen über Mathematik, griechische und

lateinische Poesie. Er promovierte zwei Jahre später zum Baccalaureus mit seiner Arbeit u.d.T. "Disputatio metaphysica de princips individui" (Metaphysische Abhandlung über das Individuationsprinzip), die er auch vor dem Gremium erfolgreich verteidigte.
Die Vorlesungen über Mathematik des Professors Erhard Weigel im Sommersemester 1663 in Jena, beeindruckten Leibniz sehr. Im Oktober belegte er dennoch wieder in Leipzig ein juristisches Fachstudium bei den Professoren Quirinus Schacher und Bartholomäus Schwendendörffer.Da dem Studenten wegen seiner Jugend eine Promotion nicht gestattet wurde, wechselte der wissensdurstige Jüngling mit der "Begierde, größeren Ruhm in den Wissenschaften zu erwerben und die Welt kennenzulernen", die Universität und erwarb in Altdorf bei Nürnberg den Doktorgrad mit seiner "Disputatio de casibus perplexis in jure" unter begeistertem Beifall der juristischen Fakultät.
Im Herbst 1667 reiste Leibniz nach Mainz,wo er den Staatsmann Johann Christian von Boineburg kennenlernte und dessen persönlicher Berater wurde. In Frankfurt am Main ließ der junge Gelehrte seine Reformschrift"Nova Methodus discendae docendaeque jurisprudentia" drucken und widmete sie dem Mainzer Kurfürst Johann Philipp von Schönborn. Dieser ernannte Leibniz zum Revisionsrat am Oberappellationsgericht in Mainz. Leibniz entwickelte mit seinem "Consilium Aegyptiacun" einen Plan um Frankreich von seinen holländischen Expansionszielen ab- und auf Ägypten hinzulenken. 1672-1676 weilte er in diplomatischer Mission in Paris, wo er u.a. die "Infinitesimalrechnung" ("Math.zum Grenzwert hin unendlich klein werdend - Duden) entdeckte und mit dem Modellbau einer Rechenmaschine begann. Seine erste Veröffentlichung zu dieser Lehre erschien 1684 u.d.T. "Nova Methodus pro maximis et minimis" in der ersten wissenschaftlichen Zeitschrift "Acta erzuditorum", welche der Leipziger Professor der Philosophie Otto Mencke herausgab. Leibniz publizierte auch

etliche andere Beiträge für dieses Organ, darunter auch ein Pamphlet gegen den "Mars christianissimus",den"allerchristlichsten Kriegsgott" (Ludwig XIV. König von Frankreich). - Begegnungen mit dem Mathematiker Christian Huygens und dem Philosophen Antone Arnauld.
Anfang 1673 weilte Leibniz in England, wo er das Modell seiner Rechenmaschine vor der Royal Society vorführte.Die Mitgliedschaft in der elitären wissenschaftlichen Gesellschaft war ihm sicher.
Nach dem Tod des Mainzer Kurfürsten wählte Leibniz unter den beruflichen Angeboten eine Tätigkeit als Bibliothekar bei Johann Friedrich Herzog von Braunschweig-Lüneburg. 1676 verließ er Paris, reiste noch über Amsterdam und Den Haag, wo er dem niederländischen Philosophen Baruch de Spinoza begegnete, bevor er seinen Dienst im Hannoverschen Schloß antrat und begann die systematische Erweiterung der Bibliothek. Zuvor schon hatte der universelle Gelehrte (neben Newton) die Differentialrechnung begründet, den Funktionsbegriff eingeführt und das Dualsystem mit den Ziffern 0 + 1 entwickelt.
Zwei Jahre später ernannte ihn Johann Friedrich zum Herzoglichen Hofrat. Leibniz befaßte sich mit den Bergwerksbetrieben im Harz, ersann Pläne zur Grubenentwässerung durch Einsatz der Windkraft. Der Herzog gewährte ihm Gelegenheit, seine Entwürfe technisch zu erproben. Doch wurden die Arbeiten mangels wirkungsvoller Erfolge 1685 auf Anweisung des neuen Landesherren Ernst August, nach dem Tod des Bruders (1680) eingestellt. Immerhin bestätigte der neue Herzog Leibniz in seinen Ämtern, kürzte aber sein Gehalt beträchtlich, da er für wissenschaftliche Projekte kein sonderliches Verständnis zeigte. Glücklicherweise förderte jedoch die Herzogin Sophie (Tochter des 'Winterkönigs' Friedrich V. von der Pfalz) den Gelehrten und wurde ihm nicht nur eine wohlwollende Gönnerin, sondern sie war ihm auch eine geistvolle Gesprächs- und Briefpartnerin.

1685 begann Leibniz im Auftrag des Herzogs von Braunschweig-Lüneburg mit der Abfassung einer Geschichte des Welfenhauses. Nach ersten Vorbereitungen hierzu reiste er zwischen 1687 und 1690 zu den Quellen des Adelshauses um historische Studien zu betreiben durch Süddeutschland nach Österreich und Italien. Diese Jahre schenkten Leibniz eine gewisse persönliche Freiheit zurück, denn keine lästigen Alltagsgeschäfte hinderten ihn daran, persönliche Bekanntschaften mit Wissenschaftlern, Philosophen, Historikern und anderen Persönlichkeiten zu knüpfen oder zu erneuern. Zusätzlich ging ihm ein längst gehegter Wunsch in Erfüllung: eine Audienz bei Leopold I., dem österreichischen Kaiser. Eine Begegnung mit der Schwedenkönigin Christine in Rom kam leider nicht mehr zustande, da die Monarchin kurz zuvor gestorben war.

Wieder nach Hannover zurückgekehrt, trat Leibniz ab 1691 als Leiter der in Wolfenbüttel schon damals berühmten Bibliotheca Augusta nun auch in die Dienste der Herzöge von Braunschweig-Wolfenbüttel Rudolf August und Anton Ulrich.

1694 konnte die erste technisch ausgereifte Konstruktion einer Rechenmaschine vorgestellt werden. Längst hatten sich Ruhm und höchste Anerkennung für Leibniz eingestellt, aber er fühlte sich - nun 50 Jahre alt - erschöpft und mißmutig; sicherlich durch Krankheiten verursacht, vermutlich aber auch durch Arbeitsüberlastung und die unbehagliche Gewißheit, bis zum Lebensende in Hannover ausharren zu müssen. Leibniz schrieb nun ein Tagebuch um "Rechnung von meiner noch übrigen Zeit zu halten".

Zwar wird er 1696 von Herzog Ernst August zum Braunschweig-Lüneburgischen Geheimen Justizrat ernannt, aber dessen Nachfolger Georg Ludwig (später Georg I. König von England) zeigt noch weniger Verständnis für Leibniz'Interessen. Aber auch diesmal ist ihm Fortuna hold, in der Gestalt der Sophie Charlotte von Brandenburg, der späteren preußischen Königin, mit der er vor allem im Sommer 1802 philosophische Gedanken in Lützenburg (später Charlottenburg) austauschen konnte. Sie war die Gemahlin des Kurfürsten Friedrich III. (später Friedrich I. König in Preußen). Leibniz weilte rund ein Jahr, das er als das glücklichste seines Lebens bezifferte, am Hofe in Berlin, wo er die Gründung einer Sozietät der Wissenschaften vorbereitete, lebhaft unterstützt durch Sophie Charlotte.

Am 11.Juli 1700 unterschrieb der brandenburgische Kurfürst die Stiftungsurkunde, einen Tag später wurde Leibniz zum Präsidenten der neuen Akademie ernannt,am 15.Juli zum Brandenburgischen Justizrat.

Im Spätjahr 1700 reiste Leibniz nach Wien zu Reunionsgesprächen. Nachdem er bereits in den ausgehenden 70er Jahren mit J.B. Bossuet über eine Wiedervereinigung der christlichen Kirchen korrespondiert, sowie gemeinsam mit Gerhard Wolter Molanus, Abt des evangelischen Klosters Loccum, Gespräche mit der katholischen Kirche geführt und mit dem Berliner Hofprediger Daniel Ernst Jablonski über eine Union der protestantischen Kirchen Gedanken ausgetauscht hatte. Bei den nun im Dezember 1700 stattfindenden Verhandlungen zur Kirchenvereinigung in der Kaiserresidenz, lobte Kaiser Leopold I. Leibniz' "vernünftigen Gedanken, ohngesparten Fleiß und beywohnende ohngemeine Wissenschaft". - Die Académie des Sciences in Paris nahm Leibniz als auswärtiges Mitglied auf.

1702, zur Zeit, da der hannoversche Kurfürst eindringlich die Vollendung der Chronik über die Welfen von seinem Geheimen Justizrat anforderte, begann dieser mit den ersten Niederschriften zu seiner "Théodicée". In diesem bedeutenden, ursprünglich der preußischen Königin Sophie Charlotte gewidmeten Werk befaßte sich der Philosoph mit einem "vernünftigen Optimismus". 1710 - fünf Jahre nach dem Tod seiner Gönnerin und Vertrauten (Leibniz schrieb ihr ein Loblied der Verehrung) - erschien dann dieser "Essais de Théodicée" in Amsterdam. Schon 1705 vollendete Leibniz das Manuskript seiner erkenntnistheoretischen Hauptschrift "Nouveaux essais sur l' entendement humain".

Nach der Heirat des Prinzenpaares Friedrich Wilhelm und Sophie Dorothea 1706 besserte sich die Entwicklung der Sozietät und die erste gemeinsame Publikation erschien u.d.T. "Miscellanea Berolinensia". Leibniz leitete Sitzungen persönlich und endlich konnte die Einweihung der Berliner Akademie stattfinden. Allerdings waren zuvor die Statuten für diese Institution ohne Beteiligung des Präsidenten verabschiedet worden. Da außerdem der Minister von Printzen zum Ehrenpräsidenten erklärt wurde, war Leibniz so verärgert, daß er den Feierlichkeiten fern blieb. Ohnedies hatte der zwischen verschiedenen Fürstenhäusern hin- und herreisende Gelehrte wiederholt Verdruß erleiden müssen, weil er als "Spion in politischer Mission" tätig zu sein, verdächtigt wurde. Immerhin ordnete Friedrich III. an - ganz im Sinne von Leibniz - der "Cultur der teutschen Sprache bei dieser Fundation zu gedenken". Als er jedoch schließlich zum König Friedrich I. in Preußen gekrönt wurde, erklärte er die Sozietät für "narren und Possen" und verweigerte fortan jede Unterstützung. Friedrich dem Großen war es vorbehalten, der Berliner Akademie endlich die ihr zustehende Würde und Bedeutung in Europa zu verschaffen.

Herzog Anton Ulrich vermittelte eine Begegnung zwischen Peter I. und Leibniz 1711 in Torgau, wobei der Philosoph dem russischen Zar ein Programm zur Förderung der Wissenschaften in Rußland vorlegen konnte. Beim 2.Treffen 1712 in Karlsbad, ernannte Peter I. Leibniz zum russischen Geheimen Justizrat. Ein letztes Treffen folgte 1716 in Bad Pyrmont. Auch in Wien wurden Leibniz hohe Ehren zuteil. Neben häufigen Begegnungen mit dem Prinzen Eugen in den Jahren 1712-1714 verlieh ihm der Kaiser den Titel "Reichshofrat", gewährte Leibniz freien Zutritt zu ihm

bei Hofe. Leibniz unterbreitete unter anderem Vorschläge zur Gründung einer Sozietät der Wissenschaften in Wien.
Im Herbst 1714 hatte Leibniz noch einmal mit ganzer Kraft die Arbeit an den "Annalen der welfischen Geschichte" aufgenommen und gelangte mit seinen Aufzeichnungen bis Anno 1005.
Leibniz blieb auch in seinen letzten Lebensjahren rastlos und voller Tatendrang. Zwar plagte ihn die Gicht, aber in Epochen der Genesung schmiedete er Pläne, wollte nach Paris ziehen oder in Ungarn ein Landgut erwerben, denn "Die Ruhe ist eine Stufe der Dummheit".
Im September 1716 von Reisen wieder in Hannover eingetroffen, hatte ihn die Gicht fast gelähmt. Anfang November mußte er die Schreibfeder für immer aus der Hand legen. Dennoch vertraute sich der Todkranke erst sehr spät einem befreundeten Arzt an, Johann Philipp Seib konnte die Schmerzen nur noch lindern, denn der Tod stand schon im Haus der Schmiedestraße 10 und erlöste ihn am folgenden Tag, dem 14. November 1716, von seinen Leiden. Erst genau einen Monat später wurde Leibniz,einer der bedeutendsten universalen europäischen Geistesmenschen, dessen Ausstrahlung auf Herder, Kant, Fichte, Hegel und Goethe ebenso wirkte wie auf die Dichter der Aufklärung oder der Romantik, in der Neustädter Kirche zu Hannover zur Letzten Ruhe gebettet. "Aus den Reihen der Hofgesellschaft und der Beamtenschaft nahm niemand an diesem Abendbegräbnis teil!"
Entstanden Gottfried Wilhelm Leibniz' erste Schriften bereits in den 60er Jahren des 17.Jahrhunderts, schuf er seine philosophischen Hauptwerke erst im Anfang des 18,Jahrhunderts. Viele Texte blieben Fragmente, manche erschienen erst nach seinem Tod, vor allem gesammelt als mehrbändige Ausgaben in deutscher Sprache. Andere blieben vorwiegend ungedruckt bis in die Gegenwart wie "Codex juris gentium diplomaticus", eine Sammlung wichtiger völkerrechtlicher Verträge; Urkunden vom 12.-15.Jahrhundert.

Leibniz schrieb - um in Europa weithin Gehör zu finden - seine Werke meist in lateinischer oder französischer Sprache, wandt sich jedoch wiederholt in seiner Muttersprache an das deutsche Volk, wie schon eingangs zitiert oder 1703 mit der Publikation "Unvorgreiffliche Gedanken, betreffend die Ausübung und Verbesserung der Teutschen Sprache". Für Leibniz ist die "Sprachfrage eine deutsche Lebensfrage" und er "rühmt die Reinheit der Sprache als einen Beweis der Wahrhaftigkeit der Gedanken". Gesammelte, mehrbändige Ausgaben seiner Werke in deutscher Sprache erschienen zum Teil erst mehr als hundert Jahre nach seinem Tod.
Abschließend möchten wir uns noch mit dem neben der"Théodicée" wichtigstem Werk des Philosophen, der "Monadologie" befassen, der "Monadenlehre", die Leibniz 1714 schrieb, welche jedoch erst 1840 (in französischer Sprache) veröffentlicht wurde. Die "Monade" galt bei den Griechen als das "Einfache, Unteilbare", für Leibniz bedeutete sie "die letzte, in sich geschlossene, vollendete Ureinheit". Jeder Körper setzt sich aus Monaden zusammen. Bei Pflanzen und Tieren schlummert das Bewußtsein dieser Ureinheit. Monaden sind Seelensubstanzen,die allen Dingen zugrunde liegen. Sie sind Urbeginn von Gott in einer vorausbestimmten harmonischen Weltordnung aufs vollkommenste erschaffen worden und sind so aufeinander abgestimmt, daß sie - obwohl sie das Prinzip ihrer Veränderung in sich tragen - im Universum immer im Einklang zu einander stehen. Der Monade wird ein unterschiedlicher Tätigkeitsgrad zugeschrieben, welcher sich bis zum individuellen Selbstbewußtsein, ja bis zum Gottesbewußtsein erhöhen kann.
Leibniz' Verehrung der Göttlichen Weisheit führte ihn zu jener Erkenntnis, daß diese Welt "die beste der möglichen ist!"

Maria Sibylla Merian

Der berühmten deutschen Forscherin und Künstlerin zum 350. Geburtstag

Maria Sibylla Merian war sicherlich die Berühmteste unter jenen Frauengestalten des 17.Jahrhunderts, die als Künstlerin und Naturforscherin gleichermaßen bedeutende Werke schufen. Auch heute noch - 280 Jahre nach ihrem Tod am 13.Januar 1717 - kann sich kaum ein Mensch dem Zauber der farbprächtigen Bilder der Malerin und Kupferstecherin entziehen. Pflanzen und kleine Lebewesen wurden durch ihre sichere Hand auf großen Tafelblättern in ihrer Schönheit künstlerisch liebevoll und dennoch exakt naturgetreu wiedergegeben, so daß sich der Betrachter, vor allem bei der Darstellung von Exoten, diese sich wirklichkeitsnah gut vorstellen kann.
Vor 350 Jahren wurde Maria Sibylla Merian am 2.April 1647 als Tochter des wegen seiner großartigen Städte- und Landschaftsporträts weltberühmte Kupferstechers und Druckverlegers Matthäus Merian d.Ä. und dessen Frau Johanna Catharina Sybilla Heim in Frankfurt am Main geboren. Nach Matthäus' frühem Tod wurde Maria Sibylla von ihrem Stiefvater Jacob Marell, einem Künstler und Bilderhändler, betreut und im Zeichnen, Aquarell- und Blumenmalen, sowie im Kupferstechen unterrichtet. Außerdem fand sie genügend Gelegenheit sich durch reichhaltige Sammlungen von Drucken, Bildern und Büchern autodidaktisch weiterzubilden. Merians Tochter äußerte einmal: "Ich habe mich von Jugend an mit der Erforschung der Insekten beschäftigt. Zunächst begann ich mit Seidenraupen... Danach stellte ich fest, daß sich aus anderen Raupen sehr viel schönere Tag- und Eulenfalter entwickelten... Das veranlaßte mich, alle Raupen zu sammeln, die ich finden konnte, um ihre Verwandlung zu beobachten und sie alle nach der Natur zeichnen und beschreiben" zu können.

18jährig heiratete Maria Sibylla den Blumenmaler Johann Andreas Graff, einen Lieblingsschüler ihres Stiefvaters. Das junge Paar weilte zunächst in der freien Reichsstadt Frankfurt, siedelte aber 1670 mit der kleinen Tochter Johanna Helena in ein stattliches Bürgerhaus am Milchmarkt zu Nürnberg, Graffs Geburtsort. Maria Sibylla hatte das seltene Glück auch als Ehefrau und Mutter - die zweite Tochter Dorothea Maria stellte sich ein - sich ihren vielseitigen künstlerischen Begabungen zu widmen. Sie malte auf Pergament, seidene Tafeln und Stoffen, stickte und fertigte Kupferstiche an. Außerdem lehrte sie Schülerinnen einer "Jungfern Companey" das Malen.

1675 nahm der befreundete Maler Joachim Sandrart "Frau Gräffin" (Maria Sibylla Merian) in seine Geschichte deutscher Künstler auf, der "Teutschen Academia" und verglich sie mit der römischen Göttin Minerva, der Schützerin der Künste.

Diese suchte und fütterte jetzt Raupen mit artgemäßem Grünzeug, beobachtete ihre Eigenarten, zeichnete und malte ihre Metamorphosen. In den Jahren 1675-1680 erschienen die drei Teile des "Blumenbuch", dessen Bilder Maria Sibylla Merian "nach dem Leben gemahlet" und in Kupfer gestochen hatte. Die Blumen, Kränze und Sträuße, mitunter mit Raupen, Schmetterlingen und Spinnen verziert, waren als Anregungen für Künstler und Stickerinnen gedacht. 1679-1683 folgte als zweiter Titel - ein ebenfalls wie schon das vorangegangene, an wissenschaftlich-künstlerischem Wert unvergleichbares Werk - "Der Raupen wunderbare Verwandelung und sonderbare Blumen-nahrung"in zwei Bänden, "nach dem Leben abgemahlt und ins Kupfer gestochen". Und in Anerkennung für die Unterstützung, die ihr Johann Andreas Graff gewährt hatte, fügte sie an: "mit wohlgeleisteter Hilfe meines Eheliebsten."

Der Nürnberger Professor Christoph Arnold lobte das Werk in seinem Einleitungsgedicht: "Es ist Verwunderns werth / dass ihnen auch die Frauen dasjenige getrauen zu schreiben / mit Bedacht / was der gelehrten Schaar so viel zu thun gemacht". Das kostbare Buch, in dem neben Raupen und Larven auch Puppen (von Merian "Dattelkern" genannt), Motten, Schmetterlinge und Fliegen, Blätter mit Eiablage, blühende oder früchtetragende Pflanzen abgebildet und mit deutschen und lateinischen Namen bezeichnet sind, war für Maria Sibylla Merian - eine Pionierin, die Wissen über Insekten sammelte - auch eine Verehrung für die Göttliche Allmacht. Es war ihr ein Bedürfnis, "Göttliche Wunder vorzustellen: Suche... nicht meine sondern allein Gottes Ehre / Ihm als einen Schöpfer auch dieser Kleinsten und Geringsten Würmlein zu preisen".

Anfang der 80er Jahre kehrte Familie Graff/Merian zurück nach Frankfurt am Main, wo Maria Sibylla ihre Mutter in einem Erbrechtsstreit unterstützte. Nach dem 1685 gewonnenen Prozeß trennte sich das Ehepaar. Johann Andreas Graff ging wieder nach Nürnberg, Maria Sibylla fuhr mit beiden Töchtern nach Wieuwerd in Friesland, wo sie in die Labadistengemeinde aufgenommen wurde. Ihr Halbbruder Caspar war schon längere Zeit Mitglied dieser pietistischen Bewegung. Ihr Begründer Jean de Labadies betrachtete sich als Bote, welcher "das Reich des großen Königs Jesus Christus" prophezeihte. Seine strenge Lehre forderte u.a. "Entsagung der sündigen Existenz des Alltags". Persönliches Eigentum mußte der Gemeinde überlassen werden. Als Maria Sibylla ins Schloß Waltha eintrat, residierte bereits Pierre Yvon über die "Anwärter" und "Erwählten",

Da sich J.A.Graff vergeblich bemühte, seine Frau Maria Sibylla zurückzuholen, ihm aber auch das Zusammenleben mit ihr bei den Labadisten verweigert wurde, erfolgte - nachdem sie dem Frankfurter Magistrat erklärt hatte: aller Besitz in der Mainstadt wäre ihres Mannes Eigentum - 1690 die Scheidung. Maria Sibylla nannte sich nun auch offiziell wieder Merian. Die ihr aufgetragenen Aufgaben der Labadisten erfüllte sie, spazierte jedoch auch in Moor und Heide Frieslands um neue Raupen und Motten zu finden und befaßte sich sogar mit Fröschen(später auch mit Ameisen). Sie malte kleine Aquarelle, faßte sie in Rähmchen und klebte sie in ihr "Studienbuch" - eine Sammlung von Insekten und ihren Verwandlungen entstand. Dazu notierte sie ihre Erkenntnisse, die sie nach Bedarf erweiterte.

1691 verließ Maria Sibylla Merian Wieuwerd, ging nach Amsterdam und erwähnte die pietistische Gemeinde nie wieder. Sie unterrichtete, u.a. auch ihre Töchter, im Malen, verkaufte ihre Aquarelle. Später erwarb sie in der Kerkstraat ein wohlausgestattetes Haus. In dem Maler Michiel van Musscher fand sie einen guten Fraund. Da sie nicht als geschiedene Frau angesehen werden wollte, nannte sie sich "Maria Sibylla Merian, die Witwe von Johann Andreas Graff". Naturforscher und Sammler begegneten der Forscherin und Künstlerin mit Hochachtung. Im Amsterdamer Botanischen Garten und im Naturalienkabinet Levinus Vincents durfte sie Studien treiben; auch die Sammlung anatomischer Präparate von Fredericu Ruysch war ihr vertraut. Mit ihrer Tochter Johanna Helena und deren Gatten, dem Überseekaufmann Herolt, erwarb sich Maria Sibylla eine eigene Sammlung"Ost-und westindischer Pflanzen und Insekten". Sie war entzückt von den "schönen Tieren", und als sie gar in einem Insektenbuch einen herrlichen Schmetterling aus der Neuen Welt entdeckte, reifte in ihr der Entschluß "eine große und teure Reise zu unternehmen und nach Surinam zu fahren".

1699 war es soweit. Nachdem sie einen Kunsthändler mit dem Verkauf ihrer Sammlungen beauftragt und ein Testament hinterlegt hatte, reisten Maria Sibylla und Tochter Dorothea Merian mit einem Schiff, unter dem persönlichen Schutz des Kapitäns, nach Surinam. Es war in jener Zeit ungewöhnlich, daß zwei Frauen ohne männliche Begleitung

ein solch "absonderliches" Abenteuer unternahmen, dazu "in seltsamen Geschäften".
Im Spätsommer erreichten sie das von Indianerstämmen bewohnte Nordland Südamerikas und lebten fortan in einem Haus in Paramaribo. Da damals Surinam lediglich Zucker exportierte: "verspotteten mich die Menschen dort, daß ich etwas anderes in dem Land suche als Zucker", vermerkte Maria Sibylla Merian. Zur Trockenzeit im Oktober malte sie die erste Metamorphose eines Insektes und notierte ihre Beobachtungen dazu. Durch Beziehungen zu Elitefamilien erwarb sie einige Sklaven. Mit "myne Slaven" verständigte sie sich in Kreolisch ("Neger-Englisch"). Sie waren ihr auch nützlich bei ihren Forschungsarbeiten, denn die Kenntnisse und Erfahrungen der Indianer und Afrikaner wußte sie wohl zu schätzen. Sie halfen Maria Sibylla beim Ausgraben von Pflanzen, bei der Raupensuche und beim Wegbahnen im Walde bei Paramaribo, "der so dicht mit Disteln und Dornen verwachsen, daß ich meine Sklaven mit Beilen in der Hand vorwegschicken mußte, damit sie für mich eine Öffnung hackten".
Im April 1700, mitten in der Regenzeit, unternahm Merian eine Kanufahrt den Surinam-Fluß hinaus zur Plantage Providenta und studierte im Juni auf dem Gelände des Militärkommandanten der Kolonie Abraham van Vredenburg Raupen an der Maniokpflanze. Außer mit Schmetterlingen und Spinnen beschäftigte sie sich auch mit Vögeln, Eidechsen, Schlangen und Kröten, ja, sie interessierte sich sogar für Muscheln vom Meeresgrund. Sie unterhielt sich mit den Einwohnern über die Bedeutung von Pflanzen und Tieren und ihre Nützlichkeit für den Menschen und erwarb sich rasch einen guten Ruf. Unter welch schwierigen Bedingungen sie oftmals arbeiten mußte, sei an folgender Aussage wiedergegeben: "Wenn ich malte, flogen sie (Wespen) mir um den Kopf. Sie bauten ein Nest aus Lehm... neben meinem Farbkasten..." Insekten wurden in Branntwein aufbewahrt, gepreßt, konserviert und die Behältnisse beschriftet und numeriert.

Schließlich bereitete Maria Sibylla Merian die Hitze große Qualen: "Ich mußte (die Forschungen) beinahe mit meinem Leben dafür bezahlen", schrieb sie an einen Forscher. Am 18.Juni 1701 trat sie mit Dorothea und ihrer "Indianin" auf dem Schiff "Frieden" die Heimreise nach Holland an. Reich war ihre Ausbeute: "gerollte Pergamentbilder, Flaschen mit Krokodilen und Schlangen, Zwiebeln und Knollen, Spanschachteln mit gepreßten Insekten".
Maria Sibylla Merian lebte wieder in Amsterdam, war nun Autorin und Verlegerin. Ihr 1705 in lateinisch und niederländisch erschienenes "Insektenbuch" wurde von Naturforschern viel gelesen. Es sollte "die wunderbaren Tiere und Werke zeigen, die der Herr in Amerika geschaffen hatte": exotische Insekten und Pflanzen wie Batate, Zimmetapfel, Wunderbäume oder Papaya, bezeichnet mit niederländischen und/oder indianischen, in Surinam üblichen Namen. In einer erweiterten Ausgabe der "Raupen" in niederländischer Sprache (um1714) gedachte Maria Sibylla Merian im Vorwort dem "Lenker und Schöpfer,der so wunderbares Leben und Schönheit so kleinen Tieren eingehaucht hat, daß kein Maler mit Pinsel und Farbkasten es ihm je gleichtun könnte".
In ihren letzten Lebensjahren war Maria Sibylla Merian eine international geachtete Persönlichkeit, "die man besuchen mußte", war man in Amsterdam. Sie galt auch im Alter noch als liebenswürdige, lebhafte Frau, die fleißig an ihren Werken arbeitete, bezeichnete sich selbst als "Juffrouw", die "Jungfer Merian", ein Titel, der einer ehrbaren, alleinstehenden älteren Frau zugestanden wurde. Einen dritten Band der "Rupsen" (Raupen) gab Dorothea Maria Henricie nach dem Tod der Mutter 1717 nach deren Grundlagen von Beobachtungen in Europa heraus, und Johann Oosterwijk veröffentlichte die "Raupen" und "Insektenbuch" in lateinischer Sprache mit Lobpreisungen von Gelehrten für die Forscherin und Künstlerin Maria Sibylla Merian und ihr unvergängliches Werk.

Bote einer neuen deutschen Naturpoesie

Barthold Heinrich Brockes zum 250. Todestag

Barthold Heinrich Brockes war der Bote einer neuen deutschen Dichtkunst. Er führte die deutsche Literatur aus dem Spätbarock in den frühen Realismus und entdeckte die Natur neu für die Poesie. In seinen Gedichten und Kantaten besang er die Schönheit der Tiere und Pflanzen in ihren vielgestaltigen Formen und Arten, versuchte ihren Sinn und Zweck zu ergründen. Somit lehrte er die Menschen ein bewußteres Sehen, ein tieferes Empfinden der Natur, die die Schöpfung allen Wesen zur Freude erschaffen hat. Er belebte dadurch Gottfried Wilhelm Leibniz' Lehre von der Theodizee €), denn auch das Winzigste und Schlichteste ist einer genaueren Betrachtung des Staunens über seine Vollkommenheit wert. Andrerseits fühlte sich Brockes den rationalen Theorien des Christian Freiherr von Wolff verbunden, einem großen Philosophen der frühen deutschen Aufklärung, welcher die mathematische Methodik auf das wissenschaftliche Denken übertrug. Denn Natur und Vernunft bilden eine Einheit.
Barthold Heinrich Brockes, geboren am 22.September 1680 in Hamburg, stammte aus einer wohlhabenden Lübecker Kaufmanns- und Bürgermeisterfamilie. So verblieb auch nach dem Tod des Vaters (1694) genügend Vermögen übrig,um der Familie ein sorgenfreies Leben zu gewährleisten.
Ab Ostern 1700 studierte der Jüngling in Halle an der Saale Rechtswissenschaften bei Prof.Christian Thomasius, welcher besonders für seine religiöse Toleranz und Humanisierung der Strafprozeßordnung berühmt war. 1702 praktizierte Brockes ein halbes Jahr am Reichskammergericht in Wetzlar, unternahm dann eine Bildungsreise nach Italien: von Venedig über Ferrara und Bologna nach Rom, heimwärts über Siena und Florenz nach Genua, steuerte

Genf an, wo er von 1703-1704 überwinterte. Das Reisen war zur Zeit des Spanischen Erbfolgekrieges gefährlich und beschwerlich. Dennoch fuhr der Student noch nach Paris und Holland, wo er an der berühmten Universität in Leyden zum Lizentiaten der Rechte promovierte.

Ende des Jahres 1704 traf Brockes wieder in Hamburg ein. Hier konnte er sich mehr als eineinhalb Jahrzehnte amtslos seinen künstlerischen Neigungen widmen: der Poesie, der Malerei und der Musik. 1710 entstand seine "Extraordinäre Serenata", in welcher die "Hammonia" (= Hamburg) sinnbildlich als Schutzgöttin der Hansestadt verkündet wird.

Zwei Jahre später erwarb sich Barthold Heinrich Brockes erste Anerkennung mit der Aufführung seines Oratoriums zur Passion: "Der für die Sünden der Welt gemarterte und sterbende Jesus", vertont durch Reinhard Keiser,damals Hauptkomponist an der Hamburger Oper. Berühmt wurde dieses Oratorium jedoch erst durch Georg Friedrich Händels Musik. J.S.Bach fügte sieben Texte aus Brockes Werk (verändert) in seine "Johannespassion" ein. Die größten Erfolge mit diesem Oratorium erzielte jedoch Georg Philipp Telemann.

Im Anklang an die Sprachgesellschaften des 17.Jahrhunderts gründete Brockes 1714 mit befreundeten Gelehrten die "Teutschübende Gesellschaft", die bald in "Patriotische Gesellschaft" umbenannt wurde. Die Mitglieder lasen einander ihre literarischen Texte vor und gaben die Wochenschrift "Der Patriot" heraus. Unser Dichter verfaßte in jener Zeit gesellschaftliche und lokalpatriotische Gelegenheitsgedichte, welche Weichmann in seine Sammlung "Poesie der Niedersachsen" aufnahm. Außerdem übersetzte Brockes Giambattista Marinos Epos "Der bethlehemitische Kindermord".

In Anna Ilsabe Lehmann fand Barthold Heinrich Brockes 1714 eine liebenswürdige Gattin, die ihm zwölf Kinder schenkte und harmonische Häuslichkeit bis zu ihrem Tode 1736.

1720 wurde Brockes Ratsherr (Senator) der Hansestadt Hamburg. In diplomatischen Diensten bewährte sich der Patrizier mit viel Verhandlungsgeschick. So weilte er 1721 in Wien bei Kaiser Karl VI., 1724 am dänischen Hofe in Glücksstadt und schließlich in Berlin bei Friedrich Wilhelm I. König von Preußen.
Als die ersten Bände des neunteiligen Werkes "Irdisches Vergnügen in Gott" erschienen (ab 1721),fanden sie in gebildeten Kreisen allgemeine Bewunderung. Johann Jakob Bodmer äußerte in seiner Literaturgeschichte: "Charakter der deutschen Gedichte": "So sag ich: Brockes ist von göttlichem Geschlecht, / Die Menschheit mißt an ihm ihr allgemeines Recht". Mit dem "Irdischen Vergnügen..."begann die beschreibende Deutsche Naturpoesie. Mancher künftige Dichter entwickelte die Kunst seines Schaffens aus Brockes Dichtung. Was er gesät hatte, ernteten seine bewußten oder unbewußten Jünger. Viele die auf seinen Gedanken und Empfindungen aufbauten schöpften fortan aus dem von ihm erschlossenen Brunnen religiöser, philosophischer Naturdichtung, aus dem klaren Wasser der Aufklärung, denn aus der Natur lernen wir "des Weltbuchs ABC", ob Ewald von Kleist, Christian Fürchtegott Gellert, selbst Klopstock und Mörike - ihrer aller geistigen Werke wurzeln in der weltlich-religiösen Poetik Barthold Heinrich Brockes'. Salomon Geßner bekannte, daß Brockes der "erste Freund seiner jungen poetischen Existenz"war, und Herder sagte, von Brockes Versen berührt: "Wie ein Liebhaber an der Geliebten hängt er an einer Blume,an einer Frucht, an einem Gartenbeet, einem Tautropfen!"

"Glänzt Garten, Flut und Feld in solchem Schmuck
und Schein, / Wie herrlich muß ihr Quell, wie schön
der Schöpfer sein! -
Es zeiget jede Blum, es zeiget jedes Kraut
Den wunderbaren Gott, dem, der sie recht beschaut."

(aus Brockes "Gartengedanken".)
1730 Wurde Brockes der Titel "Kaiserlicher Pfalzgraf"ver-

liehen, von 1735-1741 waltete er als Amtmann auf Ritzebüttel, einem cuxhavener Barockschloß, benachbart des Wehrturms der Feste Steenborg. Im 7.Teil des "Irdischen Vergnügens..." erzählt er vom beschaulichen "Landleben in Ritzebüttel", wo er glückliche Stunden in seinem Gartenidyll genießen konnte. Und der "Brockeswald" zwischen Cuxhaven und Sahlenburg erinnert noch an den lyrischen Senator und frommen Naturfreund.
1740 übersetzte Brockes Alexander Popes philosophisches Lehrgedicht "Essay on man" (Versuch vom Menschen), und fünf Jahre darauf James Thomsons Blankverse "Seasons", bekannt als "Die Jahreszeiten" (1801 vertont von Joseph Haydn).
1740 wurde Brockes zum Landherrn des Hamburger Berges berufen. Lang nach seinem Tod - er starb am 16.Januar 1747 - gab J.J. Eschenburg eine Werkausgabe des Dichters heraus (1800). Zum 100.Todestag (1847) ließ J.M.Lappenberg Barthold Heinrich Brockes' "Selbstbiographie" veröffentlichen. Immherhin kann der Literaturfreund sich auch heutzutage noch an einer Kostprobe aus "Irdisches Vergnügen in Gott" erfreuen. Der Reclam-Verlag hält in seiner Universal-Bibliothek ein Gedichtbändchen bereit (Nr.2015).

+) siehe: "Ein Fürst der Wissenschaft. G.W.Leibniz."

Des großen Königs Flötenmeister

Johann Joachim Quantz zum 300.Geburtstag

Am 30.Januar 1697 wurde der Komponist und Flötenlehrer Friedrich des Großen Johann Joachim Quantz in Oberscheden bei Göttingen geboren. Er zog 1714 als Stadtpfeifergeselle nach Radeberg bei Dresden und Pirna an der Elbe und wurde 1716 in die Dresdner Kapelle des Stadtmusicus Gottfried Heyne aufgenommen. Ein Jahr später studierte Quantz beim böhmischen Komponisten und späteren Kirchenmusik-Kapellmeister Dismas Zelenka und dem Wiener Hofkapellmeister und -kompositeur Johann Joseph Fux die Kunst des Kontrapunktes. 1718 wurde er Oboist und - nachdem ihm Pierre-Gabriel Buffardin im Flötenspiel unterrichtet hatte - Flötist der Königlich-Polnischen Kapelle in Dresden.
In den Jahren 1724-1727 unternahm Quantz eine Lehrreise nach Italien, sowie nach Paris und London. Bei Francesco Gasparini, bedeutender Kapellmeister am Lateran in Rom und Opernkomponist, setzte er sein Studium des Kontrapunktes fort. Wieder in die sächsische Residenz heimgekehrt, musizierte Johann Joachim Quantz vor Friedrich Kronprinz von Preußen. Dieser war vom Können des Meisters so beeindruckt, daß er sich von ihm im Flötenspiel unterrichten ließ und ihn hinfort zweimal im Jahr zu längeren Besuchen am Hofe einlud. Schließlich ernannte der junge Preußenkönig Quantz 1741 zum Kammermusiker und Hofkomponisten in Potsdam. Hier komponierte der Meister etwa 300 Konzerte und 200 Kammermusik-Stücke für die Flöte.
Johann Joachim Quantz gehörte mit Carl Philipp Emmanuel Bach (zweiter Sohn des Orgelgenies), die Brüder Carl Heinrich und Gottlieb Graun und Georg Anton Benda zu den galanten Musikern, die mit Friedrich dem Großen am Berliner Hof musizierten. Wolfgang Venohr erzählt

in seinem "Porträt einer Doppelnatur" über "Fridericus Rex" von einem solchen musischen Abend:

"Von achtzehn bis neunzehn Uhr fand im Musikzimmer das tägliche Flötenkonzert statt, das bald ebenso zur internationalen Berühmtheit wurde wie die Tafelrunde. Zugelassen waren zu diesen Konzerten ausschließlich Personen, von denen Friedrich wußte,daß sie etwas von Musik verstanden... Alles stand hinter den Rokokostühlen, bis der König eintrat, dann nahm man ohne weitere Umstände Platz. Friedrich spielte auf der Querflöte mehrere Stücke, zum Teil eigene Kompositionen, wobei ihn Quantz, Benda oder Bach begleiteten. Quantz hatte als einziger das Recht zu applaudieren, was er aber unterließ, womit er seinen königlichen Freund, dem er schon aus der Kronprinzenzeit und aus Rheinsberger Tagen eng verbunden war, absichtlich ärgerte. Nach dem übereinstimmenden Urteil... spielte Friedrich die sanften, sentimentalen Passagen... mit einer kaum zu übertreffenden Meisterschaft... Bei den schnelleren Tempi... kam er dagegen leicht aus dem Takt, was seine Begleiter in höchste Verlegenheit und stumme Verzweiflung brachte. Quantz zog dann indigniert die Augenbrauen nach oben und hustete verstimmt. Friedrich, wenn ihm eine Passage gänzlich danebenging, geriet schnell in Wut... er packte die unschuldige Flöte und brach sie...in in zwei Stücke. Quantz, der dann für Ersatz zu sorgen hatte, weigerte sich bald, das umsonst zu tun, und verlangte hundert Dukaten für eine neue Flöte. Fortan beherrschte Friedrich sich besser."

Johann Joachim Quantz erleichterte nicht nur durch Anbringen einer zweiten Klappe an der Flöte das Spielen des Instrumentes, sondern er gestaltete mit seinem Lehrwerk "Versuch einer Anweisung, die Flöte traversière zu spielen" die allgemeine Spielpraxis so grandios,daß

die erste deutsche maßgebliche Flötenschule bis weithin ins 19.Jahrhundert ihre Bedeutung für den Unterricht behielt. Unter dem System einer Aufführungspraxis verstand man damals auch "Geschmackserziehung, sowie Affekten- und Stillehre".
Am 12.Juli 1773 legte der große Flötist in Potsdam sein Instrument für immer aus den Händen.

Ein Leben für das Theater

Der Neuberin zum 250.Todestag und 315.Geburtstag

Als "Die Neuberin" war sie im 18.Jahrhundert weit und breit bekannt in deutschen Landen. Geschätzt und geschmäht, bewundert und verspottet ging sie auch unter diesem Namen in die Kulturgeschichte ein. Friederike Caroline Neuber war eine der größten Schauspielerinnen ihrer Zeit, die bedeutendste Prinzipalin einer Komödiantengesellschaft und eine hochbegabte Dichterin, deren Verse sich durch ein damals ungewöhnlich gutes Hochdeutsch auszeichneten.
Friederike wurde am 9.März 1697 als Tochter des Rechtsgelehrten Daniel Weißenborn und dessen Ehefrau Anna Rosine geb. Wilhelm, in Reichenbach im Vogtland geboren. Ihr Geburtshaus (1834 umgebaut) ist der Komturhof am Johannisplatz. Als sie fünf Jahre alt war, zogen die Eltern nach Zwickau. Der Vater betätigte sich als Notar im Oberen Steinweg 56. Er war ein "patriarchalischer Thyrann". Im Jähzorn fluchte er nicht nur unflätig, sondern er schlug auch Weib und Kind. Friederikes Gesicht blieb zeitlebens durch eine Narbe gezeichnet, die der Schlüsselbund des Vaters in die Wange gegraben hatte.

1805(07) starb die Mutter. Sie hatte Friederike Caroline unterrichtet und liebte die Literatur, im Gegensatz zu ihrem Mann, dem neben der Juristerei nur die Philosophie etwas galt. In Zwickau wurde geflüstert: Am Tode der Anna Rosa "sei der Weißenborn schuld". Ein weiteres Gerücht verbreitete, daß Friederikes Pate Adam Friedrich von Metzsch, Herr der kleinen Grafschaft Reichenbach-Friesen, der Kindsvater sei. Ob ein Hauslehrer oder der strenge Vater selbst Friederike weiteres Wissen vermittelte, ist nicht bekannt. Doch sie beweist später,

daß sie neben Lesen, Schreiben und Rechnen auch des Lateins und der juristischen Sprache mächtig ist.
Am Neujahrstag 1712 flüchtete Friederike zu einer früheren Magd, nachdem der Vater gedroht hatte, sie zu erschießen. Ins Elternhaus zurückgekehrt, versuchte sie ihn versöhnlich zu stimmen, doch Weißenborn beschimpfte und schlug sie. So floh die Tochter erneut. Diesmal mit einem ehemaligen Gehilfen des Vaters, der ihn ein 3/4 Jahr ohne Lohn hatte arbeiten lassen. Gottfried Zorn, Student der Rechte, war Friederike sogar als künftiger Mann versprochen, und sie liebte ihren "allerliebsten Engel". Eine abenteuerliche Flucht, zunächst nach Greiz, wo die Beiden im Gasthof "Zum kalten Frosch"logierten, bis Gottfrieds Geld aufgezehrt war. Friederike verkaufte ihr Haar. Zorns Schwester in Zwönitz gewährte Unterschlupf, bis beide gänzlich mittellos waren. Inzwischen ließ sie der Vater steckbrieflich suchen. Am 19.Mai 1712 wird das Pärchen auf der Straße bei Hartenstein verhaftet und in der Fronfeste gefangen gesetzt. Nach Kostenerstattung gelangen sie zur Zwickauer Gerichtsbarkeit. Friederike entlastet Zorn und bittet: sie nicht zum Vater zurückzuschicken. Aus der Haft entlassen,hofft das Mädchen: Gottfried werde sie heiraten. Aber er wehrt ab und sie muß beim Weißenborn in einem "anderen Gefängnis" leben. Doch 1716 stieg Friederike aus dem Fenster des Elternhauses und verließ mit Johann Neuber, einem verläßlichen Freund, Zwickau für immer. Lediglich sechs Jahre später weilt sie kurz in der Stadt, um sich um den Nachlaß des inzwischen verstorbenen Vaters zu kümmern.
Friederike Caroline und Johann traten in die "Spiegelbergsche Komödiantengesellschaft" ein. Als Komödianten erhofften sie sich persönliche Freiheit und lebendiges Dasein. Christian Spiegelbergs Truppe gehörte damals zu den angesehensten fahrenden Theatergesellschaften. Und das bedeutete viel in einer Zeit, da Schauspieler

als "verachtetes, sündiges Volk" galten, obgleich ihre Aufführungen bei Fürsten wie beim Volk sehr beliebt waren. Vor allem erfreute sich das Publikum an der derben ordinären Gestalt des "Hanswurst".
Am Braunschweigischen Hof war Spiegelbergs Truppe besonders geschätzt. Die Spieler Friederike Caroline und Johann begeisterten seine "Durchlaucht Hertzog Ludewig Rudolph" so sehr, daß er die Trauung des Paares am 5.Februar 1718 im Braunschweiger Hof und in der Domkirche St.Blasius gewährte - eine ungewöhnliche Vergünstigung. Das Ehepaar schloß sich nun der "Haackchen Truppe" an, die als beste im Land galt, den englischen Stil des Schauspiels vorzog, im Gegensatz zu Spiegelberg, welcher eher die Kunst der Franzosen pflegte. Nach Johann Caspar Haacks Tod heiratete seine Frau Karl Ludwig Hoffmann. Friederike und Johann reisten mit der"Haack-Hoffmannschen Truppe" - sie war berühmt wegen ihrer talentierten Schauspieler - kreuz und quer durch Deutschland. Gespielt wurden Stegreifspiele, verworrene Geschichten voller Liebesleid und Mord, angereichert durch deftige Ausdrücke und Artistik, Tanz und Gesang, Stücke aus der Helden- und Götterwelt, biblische Erzählungen, Dramen großer Dichter, wie auch Ereignisse aus der Gegenwart. Friederike, eine begabte und begeisterte Spielerin, war durch ihre lebendige Darstellungskunst bei den Zuschauern beliebt. Aber sie beobachtete auch die Künste der anderen Gesellschaften, vor allem französischer Herkunft. Sie war angetan von der verfeinerten Spielart, von den im Niveau gehobenen Texten und dem Wohlklang des Reimes. Mit dem Kollegen Friedrich Kohlhardt überzeugte sie ihren Prinzipal in den Spielplan auch Stücke aus Frankreich aufzunehmen.
1724 erregte Friederike Caroline Neuber als Charakterdarstellerin in Leipzig in vier verschiedenen Männerrollen großes Aufsehen. Das "Gespräch im Reiche der Toten" galt fortan als das "Neuberin-Stück", Begeistert von

ihr war auch Johann Christoph Gottsched, Magister der Philosophie und Schriftsteller. Seine Idee war es, die deutsche Sprache und die deutsche Schaubühne nach französischem Vorbild zu verbessern.
Als Sophie Julie Elenson-Haack-Hoffmann gestorben war - sie war das eigentliche Herz dieser Komödianten gewesen - geriet die Truppe in Not. Der Prinzipal verließ heimlich seine Spieler. So pilgerten Friederike Caroline und Johann Neuber "nebst einigen Übergebliebenen" nach Dresden und gründeten eine eigene Gesellschaft. Am 15. Februar 1727 teilte ihnen August Kurfürst von Sachsen auf ihre Eingabe mit: "daß wir...Johann Neubern und dessen Eheweib Fridericen Carolinen zu Unseren Hoff-Comödianten auf- und angenommen". Absofort wird Leipzig für das Paar die wichtigste Spielstätte. Immer wenn sie wieder in der Messestadt einkehren, bedeutet dies für Friederike "Heimkehr". Obgleich Johann als gesetzlicher Vormund seiner Frau, als Leiter der Gesellschaft gilt, ahnt jeder, daß die Neuberin die tatsächliche Prinzipalin ist. Immerhin organisierte Johann Neuber die Gastspiele und beriet seine Frau, doch spielte er selbst meist nur kleine Rollen. Die Neuberin war der Star der Truppe, die anerkannte Persönlichkeit, energisch und zielsicher versuchte sie ihre Pläne zu verwirklichen.
In Deutschland war sie die einzige Frau, die eine eigene Truppe aufbaute. Lebenslang bemühte sie sich darum, daß die Schauspielkunst als echte Kunst und der Beruf der Komödianten als ehrbar und bürgerlich anerkannt werde. So bestand sie auch auf einen "untadeligen Lebenswandel" ihrer Spieler. In den ledigen Schauspielerinnen sah sie ihre Pflegetöchter, ledige Männer waren ihre Kostgänger.
Bald gehörten etliche der besten Schauspieler/innen Deutschlands zum Ensemble der Neuberin. Selbst Christian Spielberg und der sehr begabte Gottfried Heinrich Koch schlossen sich ihr an. Die "Leipziger Schule" der Neube-

rin wurde zum gehobenen Kunstbegriff für viele Talente.
Zur Ostermesse 1727 gastierte die Neubersche Gesellschaft erstmals auf den "Böden über den Fleischbänken", Leipzigs erster fester Theaterraum für Berufsschauspieler. Mit bestem Erfolg spielten sie "Haupt- und Staatsactionen", aber auch Possen mit Gesang und Tanz, sowie französische Dramen in deutschen Versen. Gottsched, nun Vorsitzender der "Deutschübenden-poetischen Gesellschaft"war begeistert von der Neuberschen Gesellschaft. Sie würde seine Theorie vom "Klassischen deutschen Theater" praktizieren. Gottsched ehrte die Neubers durch Lob und den Vorschlag künftiger Zusammenarbeit, versprach Übersetzungen von Stücken und neuen deutschen Dichtungen. Doch waren seine Angebote nur mager und trafen schleppend ein.
Strapaziös waren die Reisen bei Sturm und Regen von Stadt zu Stadt mit gemieteten Fuhrzeugen. Doch machten dies die Erfolge beim Publikum wett. Die Neubersche Gesellschaft war überall für Vergnügen und gute Unterhaltung bekannt, zumal inzwischen die Neuberin den "unflätigen Hanswurst" von ihrer Bühne verbannt hatte. Eine nicht hoch genug einzuschätzende Tat auf dem langen Weg zur späteren bedeutenden deutschen Schauspielkunst der klassischen Epoche. Und verweigerten puritanische Stadträte das Aufführungsrecht, war Friederike Caroline bereit zu kämpfen. Auf königlichem Befehl mußten die Wittenberger der Prinzipalin und "ihrer Bande" den Rathaussaal öffnen.
1728 erhielt die Neuberin auch das "Hochfürstlich Braunschweig-Lüneburg-Wolfenbüttelsche Privilegium". Ein Jahr später starb August der Starke. Die Kursächsischen Privilegien erloschen. Ein "Interimsdecret" des sächsischen Oberhofmarschalls Löwenthal bildete leider nicht die Brücke zu einer Neuauflage. Joseph Ferdinand Müller, berühmter "Hanswurst" machte der Neuberin die Leipziger Bühne streitig - einst gehörte er zu ihrer Truppe, nun

betrachtete er sie als Feindin - und gewann die Spielprivilegien des neuen Königs. Immerhin trat der Rat der Messestadt für sie ein und Friederike Caroline Neuber verteidigte ihre Rechte in perfekter Kanzleisprache. Sie verfaßte "gereimte Bittgesuche" an Fürstinnen um Gerechtigkeit und Anerkennung ihrer Verdienste, so wie sie noch öfters Huldigungspoeme schrieb, Glückwünsche und Trauergesänge für Monarchen. Ihre Gedichte, sehr persönlich formuliert, verschaffen ihr Berühmtheit auch als "eine feine Dichterin". Einige Wurden veröffentlicht und gewannen viele Leser.

Als die Neuberin im Mai 1734 wieder ihre Bühne "über den Fleischbänken" eröffnen durfte, vereitelte dies unbegreiflicherweise ihr Gatte! Er erklärte im Rathaus den Verzicht zugunsten des Gegners, "daß Müller ins künftige Comedien daselbst agiren möchte". Dabei mußte Johann Neuber wissen, daß er mit seiner Handlung nicht nur Friederike großen Schmerz bereiten würde, sondern er nahm auch die mögliche Zerstörung der Komödiantengesellschaft inkauf und schenkte dem "Hanswurst" einen Sieg, der die mühsamen Schritte zur Entwicklung der Theaterreform behinderte. Friederike versuchte zu retten, was möglich war, sträubte sich gegen die menschlich ungerechten vormundschaftlichen Ehefesseln. In einem Gleichnis "Das Deutsche Vorspiel", in eigenen Reimtexten geschrieben, führte sie dem Publikum die Zwistigkeiten mit Müller vor Augen, zeigte die Bedeutung des geregelten Schauspiels gegenüber dem herkömmlichen derben Hanswurst-Stegreiftheater. Im selben Jahr noch wurde ihr Stück und die beachtliche Vorrede an die "Lieben Leser" gedruckt.

Dennoch mußte die Neubersche Theatertruppe Leipzig verlassen. Gedemütigt und mittellos, auch enttäuscht von Johann, spürte Friederike, die kampferprobte, zielbewußte und ehrgeizige Frau, Angst. Da half ihr großmütig Ludwig Rudolph von Braunschweig. Er bot der Neuberin sein groß-

herzogliches Opernhaus zum Spielen an. Die Truppe zeigte u.a. "Der sterbende Cato", ein Stück, welches Gottsched aus fremden Dramen übersetzt und zu einem eigenen Werk umgestaltet hatte. Er pries es "als erstes deutsches Originalstück".
Das Schicksal wollte es, daß nach Ludwig Rudolphs Tod sein Nachfolger Karl I.kein Interesse an der Kunst der Neuberin bekundete.
Wichtigste Orte für die Neubersche Komödiantengesellschaft waren nun Hamburg, Kiel und Frankfurt am Main. Es wurden auch heitere Volksstücke aufgeführt. Hierbei ersetzte die Neuberin den derben Hanswurst durch den listigen Harlekin. Ab 1735 gab die Prinzipalin Heftchen heraus, in denen das folgende Stück geschildert wurde - eine bis dahin unbekannte, aber jetzt wirkungsvolle Werbung. Mangelndes Interesse der Hamburger an ihren Spielen - sie wollten mehr "Spaß und Spektakel" erleben - reizte die Neuberin zur Ironie. Zur letzten Vorstellung in der Hansestadt verkündete sie auf dem Theaterzettel ihrem Publikum:

> "Allen Denen / Die und oft und gerne gesehen haben / die uns nicht haben sehen können / Die uns nicht haben sehen dürfen und / Die uns nicht haben sehen wollen / zu Ehren und schuldigster Dankbarkeit / wird heute zum Abschied / Ein deutsches Vorspiel nebst einem Schau-Spiele aufgeführet..."

Die Entrüstung des Magistrats kümmerte sie wenig, denn Karl Friedrich Herzog von Schleswig-Holstein hatte sie nach Kiel eingeladen. Er war vom Spiel der Truppe im Ball-Haus so begeistert, daß er sie reichlich entlohnte und die "Neubertschen Schaubühnen Genossenschafft" privilegierte zu "Hoch-Fürstlichen Schleßwig-Holsteinischen Hoff-Comoedianten", wegen "der ungezwungenen und glücklichen Übersetzungen in die Teutsche Mutter-Sprache und zwar in gebundene Reden..." und wegen "des von der Schaubühne sämtlichen Genossenschafft bezeigten und führenden sittsahmen Wandels". Ja, der Herzog erließ der Truppe alle Gebühren und Abgaben und gewährte ihr den gleichen Rang wie seiner Hofkapelle.

Doch erneut schlug das Schicksal zu: 1739 starb Karl Friedrich. Aber zuvor gelang es der Neuberin die Spielerlaubnis zur Frankfurter Herbstmesse zu erhalten. Sie ließ bei angesehenen Familien eine Abhandlung "Über die Schaubühne" verbreiten, noch ehe sie in der Stadt eintraf; eine geniale neue Strategie erfolgreicher Werbung. Guter Besuch ihres Theaters auf dem Liebfrauenberg und Lob des Publikums waren ihr sicher. Ein mehrwöchiger Aufenthalt der Komödianten in Straßburg wurde zum triumphalen Erfolg. Selbst "Franzosen, die kein Wort deutsch verstanden, sahen mit großer Aufmerksamkeit zu", schrieb Johann Neuber an Gottsched. 1737 traf die Truppe erstmals wieder in Leipzig ein. Das neue Theater befand sich vor dem "Grimmaischen Thore - allwo der Bosische Garten" ist. Friederike Neuber schrieb über alles, was sie bewegte: über Gönner und Ignoranten, bösartige Gegner, über Freude und Traurigkeit; sie dankte und zürnte - und sie vertrieb den "unflätigen Hanswurst" von der Theaterbühne in ihrer satirischen Komödie: "Der alte und der neue Geschmack". Sie selbst spielte den Hanswurst, der zum lustigen Hänschen umgestaltet wird. Die Leipziger waren begeistert und Friedrich August II. von Sachsen lud die Neuberschen Komödianten zum Herbstvergnügen auf sein Jagdschloß Hubertusburg ein. Zwar zollte der Fürst Beifall, spendierte auch 100 Dukaten, empfand aber die Darbietungen nur als Unterhaltung. Immerhin erneuerte er das "Sächsisch-polnische Hof-Komödianten-Privileg".

Als Vierzigjährige erreichte die Neuberin die Höhe ihres Ruhmes, auch wenn sie mit ihrer Kunst der Zeit voraus war und das Publikum vorrangig unterhalten werden wollte, abgelenkt von den Alltagssorgen - ihr Schritt zur Theaterreform war im zweiten Drittel des 18.Jahrhunderts zu kühn. Dennoch schritt sie wie von einer Sendung geleitet weiter auf dem Weg der Erneuerung. 1738 überraschte sie die Hamburger mit "einer ganz anderen Art von Musik". Johann Adolph Scheibe, ein fortschrittlich denkender Komponist, erkannte als erster: "So verschieden die Tragödien und Komödien unter sich selbst sind, so verschieden muß auch die dazugehörige Musik sein". Und er komponierte die neue Theatermusik für die Neuberin. Aber das Publikum interessierte sich diesmal mehr für den Kraftkünstler Johann Karl Eckenberg als für die Neubersche Bühne. Die Aufführungen waren schlecht besucht, die Komödianten unzufrieden und die Prinzipalin quälten Schulden. Doch erneut nahte Rettung in der Not. Diesmal vom Zarenhof aus St.Petersburg. Zarin Anna lud auf den Rat des Grafen Ernst Biron die Neubersche Truppe ein und sandt 1000 Taler als Vorschuß.

Es war für die Neuberin eine Genugtuung beim Abschied in Hamburg als selbstbewußte Theaterleiterin aufzutreten und mit ihrer im besten Deutsch verfaßten poetischen Rede das kunstverständnislose Publikum zu beschimpfen. Der Entzug der Spielerlaubnis durch den Magistrat bekümmerte sie nicht mehr.

Nach wochenlanger beschwerlicher Reise trafen die Komödianten im Frühling 1740 in St.Petersburg ein, wurden freundlich empfangen und zu Hofschauspielern ernannt. Doch ein drittes Mal schlug das Schicksal zu: Zarin Anna, der die Spiele der sächsischen Gäste gefielen,starb schon im Herbst jenes Jahres. Elisabeth, die neue Regentin, war am Theater nicht interessiert.

Zur Ostermesse 1741 erreichte die Truppe erneut Leipzig. Außer Müller bot der Neuberin nun auch Johann Friedrich Schönemann (langjähriges Mitglied ihrer Gesellschaft) Konkurrenz. Er erhielt von Gottsched Unterstützung und gute Texte; dadurch war er ihr überlegen. Immerhin beschaffte ihr Graf Brühl vom Kurfürstlich-Königlichen Hof eine Sondergenehmigung zum Spielen in Zotens Hof.

Die Reitbahn in der Nicolaistraße wurde zur Schaubühne ungebaut. Hier wurde Voltaires "Zaire" (Friederike in der Titelrolle) erstmals in deutscher Sprache aufgeführt. Eine Ehre wurde ihr durch Johann Heinrich Zedler zuteil. Er schrieb über Friederike Neuber eine längere Würdigung in seinem "Großen Vollständigen Universal-Lexikon aller Wissenschaften und Künste..."
Da Gottsched, nun Rektor der Universität Leipzig, Schönemann vorzog, trübte sich sein Verhältnis zur Neuberin.Ein alter Kunststreit brach erneut auf. Gottsched wünschte für die Bühnenstücke zeitgemäße Kostüme, die Neuberin wollte ihre Schauspieler in Glanzgewändern der Gegenwart sehen. (Lessing schrieb ihr später deshalb "Menschenkenntnis" zu.) Aber sie wagte einen Versuch. Der Burleske "Das Schlaraffenland" fügte sie als Nachspiel den 3.Akt des "Sterbenden Cato" an - in Kostümen der Römerzeit. Das Publikum grölte vor Vergnügen. Diese Satire spaltete die Leipziger in Gottschedianer und Neuberianer. Und die Prinzipalin setzte noch eins drauf. Einige Tage später, am 18.September 1741, ließ sie Gottsched als komische Figur in ihrem lustigen Vorspiel "Der allerkostbarste Schatz" auftreten, als Tadler, der alles besser weiß. Über diesen Spott und Hohn für den Professor protestierten seine Anhänger, aber die Zahl der Verehrer für die Neuberin war weitaus größer, selbst Graf Brühl lachte amüsiert.
Wenig später begann der tragische Abstieg der Neuberin von der Leiter des Erfolges. Die Schulden vergrößerten sich, der Leipziger Rat lehnte Hilfe ab. So mußte sie 1743 ihre Komödianten entlassen und die Gesellschaft auflösen. Amtmann Kahle in Oschatz gewährte ihr, Johann und dem treuen Suppig Quartier.
In Zwickau wurde unterdessen eine böse Schmähschrift über Friederike Caroline Neuber unter dem Pseudonym Meyer veröffentlicht, doch war ihr kein sonderlicher Erfolg beschieden. Noch einmal reiste die Neuberin nach

Leipzig; viele ihrer Schauspieler kehrten zu ihr zurück. Erfolgreich waren ihre Schäferspiele, Volksstücke aus Dänemark und ein Lustspiel vonChristian Fürchtegott Gellert. Vor allem Studenten und junge Menschen bewunderten ihre Leistungen, unter ihnen Gotthold Ephraim Lessing. Er übersetzte mit einem Freund französische und englische Dramen in die deutsche Sprache. Und die Neuberin ließ sein Jugendwerk "Der junge Gelehrte" aufführen.

Als im Folgejahr Schönemann wieder in Leipzig eintraf, stahl er ihr die Schau. Mit hervorragenden jungen Künstlern zeigte er neue Stücke in natürlicherer Art. Da kam auch Koch aus Wien und erhielt das Sächsisch-polnische Privileg von Graf Brühl. Schönemann forderte und erhielt den von der Neuberin gerade erst erworbenen kleinen Theatersaal auf dem Färberboden "im großen Blumenberge". Empört und enttäuscht mußte sie das Feld räumen, und sie fragte: "Ist also alles nur dahin abgezielet, mich gänzlich zu verderben, und da ich alle mein Vermögen... an das Theater-Wesen gewendet habe, mich davonzujagen, und zur Belohnung... mich an den Bettelstab zu bringen..."

Was Friederike Caroline Neuber stets anstrebte: "das erste ständige Deutsche Schauspiel" zu errichten, dem ehemaligen Schauspieler ihrer Truppe Koch, gelang dies in Leipzig. Es wurde damals gemunkelt: die Neuberin wäre 1750 mit Johann aus Zerbst verjagt worden, wegen wachsender Schulden, und sie habe ihre Komödiantengesellschaft endgültig auflösen müssen. Wahr ist, daß Friederike Caroline Neuber ihre Theaterkarriere in Zerbst beendete, dieweil Karl Theophil Döbbelin, späterer Theaterprinzipal, debütierte.

Die Neuberin war nun als Schauspielerin unterwegs. Da rief sie Maria Theresia 1753 an den Österreichischen Hof. Die Kaiserin wollte das Theater in Wien reformieren. Für Friederike war diese Aufgabe eine große Ehre. Ihre Erfahrungen und Kenntnisse in die Entwicklung der "K.K.

privilegierten Stadtschaubühne nächst dem Kärntner Tor" einzubringen. Doch die Zeit war weitergeschritten. Was für Friedrike Caroline Neubers Wirken einst für die Theaterkunst fortschrittlich war, galt jetzt als antiquiert und überholt. Immerhin war ihr Lustspiel: "Das Schäferfest oder Die Herbstfreude", anläßlich des Namenstages der Kaiserin erfolgreich.

Ein letztes Mal bemühte sich die Neuberin mit einigen Komödianten in der Dresdner Gegend Fuß zu fassen, würde gern die Weimarer Bühne leiten. Aber ihre Zeit war endgültig vorüber! 1756, als der Siebenjährige Krieg begann, entließ sie ihre letzten Getreuen.

Der Kurfürstlich-Königliche Leibarzt Dr.Löber nahm Friederike und Johann Neuber in sein Dresdner Haus in der Pirnaischen Gasse auf. Und als preußische Soldaten die Stadt besetzten und einige auch in der Stube der Beiden einquartiert wurden, war der Tisch der Neuberin "den feindlichen Soldaten heilig, nicht eine Tabakspfeife legten sie jemals darauf."

Johann Neuber starb 1759 an "Mattigkeit". Ein Jahr später bombardierten Preußen die sächsische Residenzstadt.Dr. Löber floh mit seiner Familie und nahm auch Friederike mit nach Laubegast an der Elbe (heute Dresden). Er mietete ihr eine Stube, doch als sie erkrankte, wurde sie aus dem Haus gewiesen. Ein Bauer Möhle kümmerte sich um sie, wachte bei ihr, als ihr Ende am 29.November 1760 nahte, ja, er zimmerte ihr sogar den Sarg. Das schlichte Begräbnis der Neuberin für Arme fand am 1.Advent ohne Trauerfeier auf dem Leubener Friedhof (heute Dresden) statt.

Sechzehn Jahre später setzten ihr Mitglieder der Dresdner "Gesellschaft Patrioten der Künste" ein würdiges Denkmal. Als Komödiantin, Prinzipalin und Dichterin sowie als Reformerin des deutschen Theaters, wird Friederike Caroline Neuber durch alle Zeiten im Gedächtnis weiterleben.

Mystiker der deutschen reformierten Kirche

Vor 300 Jahren wurde Gerhard Terstegen geboren

"Ich bete an die Macht der Liebe",lesen wir beim Betrachten einer neuen von der Deutschen Post AG herausgegebenen Briefmarke, und darüber: "Gerhard Terstegen 1697-1769". Wer war Gerhard Terstegen und woher stammen diese sieben Worte, die so gut in die vorweihnachtliche Zeit passen?
Gerhard Terstegen, der eigentlich Gerrit ter Steegen hieß, war der bedeutendste Mystiker der deutschen reformierten Kirche. Er schrieb etliche religiöse Schriften und Gedichte, von denen auch heute noch mehrere, vertont, zu den schönsten Liedern gehören, die das "Evangelische Kirchengesangbuch" aufzuweisen hat; zum Beispiel:"Gott ist gegenwärtig" - "Brunn' alles Heils, dich ehren wir" - "Kommt, Kinder, laßt uns gehen" oder "Der Abend kommt". Am bekanntesten aber wurde die dritte Strophe des Liedes "Für dich sei ganz mein Herz und Leben", welche eben mit jenen Eingangsworten beginnt: "Ich bete an die Macht der Liebe / die sich in Jesu offenbart... Ich will, anstatt an mich zu denken / ins Meer der Liebe mich versenken".
Vor 300 Jahren - am 25.November 1697 - wurde Gerhard Terstegen im niederrheinischen Moers als achtes Kind des Ehepaars Heinrich und Maria Cornelia Tersteegen geboren. Er war erst sechs Jahre alt, als sein Vater starb. Doch ließ die Mutter den begabten Sohn neun Jahre lang auf der von Adolf Graf von Moers 1682 gegründeten Lateinschule "zur Erhaltung und Fortpflanzung des reformierten Glaubens" lernen, wobei er sich glänzende lateinische Sprachkenntnisse aneignete. Anschließend schickte sie Gerhard zum Schwager Matthias Brinck nach Mülheim an der Ruhr in "Kondition", wo er zum Kaufmann ausgebildet werden sollte. Zwar verrichtete der Junge seine

Aufgaben fleißig und ordentlich, geriet aber immer stärker in seelische Konflikte, als er spürte, daß der Beruf mit seinen starken geistlichen Bedürfnissen nicht in Einklang zu bringen war. So nutzte er Stunden der Nacht um theologische Studien zu betreiben, verzichtete gern auf manche Freuden des Lebens, ja er kasteite sich sogar.
Seine religiösen Neigungen verstärkten sich noch, als er - etwa zwanzigjährig - bei einem Gang durch den Wald von heftigen Kolikschmerzen geplagt, Gott um Heilung anflehte und ihm sofortige Linderung der Pein gewährt wurde. Diese Gnade ließ ihn seine eigentliche Berufung erkennen: "Mich hat der freundliche Gott aus der Welt gerufen und mir einen Sinn geschenkt, ihm völlig anzugehören und zu folgen..."
Bereits zwei Jahre später (1719) gab Gerhard Terstegen seinen Beruf auf und erlernte durch einen befreundeten Handwerker die Leinweberei und arbeitete schließlich als Bandwirker, um in stiller Beschaulichkeit leben zu können. Verachtet, verspottet und verleumdet von Verwandten und Bekannten, die sein Handeln nicht verstehen konnten, lebte er andächtig "im Umgang mit Gott und dessen Wort". Natürlich blieben ihm in jenen Jahren auch seelische Kämpfe, Zweifel und Verzagtheit nicht erspart.
Es war Anno 1724 als sich Gerhard Tersteegen am Gründonnerstag mit seinem Blut Jesu als sein völliges Eigentum verschrieb. Unterwegs war ihm die Erleuchtung gekommen: auf dem richtigen Weg zu sein, und er erkannte, daß Gott "aus lauter Barmherzigkeit mein Freund ist". Wenig später entstand eines seiner ersten Gedichte: "Wie bist du mir so innig gut", eine erkenntnisreiche Offenbarung an Jesus Christus. Bewußt lebte er in "Armut des Maßhaltens und der Ausgewogenheit", schenkte nach dem Tagwerk bedürftigen Menschen kleine Gaben, die er sich selbst versagte. Ihm war bewußt, daß Streben nach Reichtum, Macht und Anerkennung "wie ein langsames Gift wirkte,

das unfehlbar in ihre Seelen drang und praktisch ihr gesamtes geistliches Leben hemmte". Tersteegen half jederzeit im Stillen um Not zu lindern, war dabei selbstlos und überaus bescheiden. Wir erkennen dies am besten aus seinem Vers:

"Tue Gutes, doch begehre nicht,
daß man von deiner Tugend spricht.
Vergessen und verachtet werden,
sei dein Verlangen hier auf Erden."

Da ihm keinerlei finanzielle Hilfe zuteil wurde, vertiefte er sich autodidaktisch in die Heilige Schrift, freute sich "ein einfaches Glied am Leibe Jesu sein zu dürfen". Wie oft lag Gerhard Tersteegen mehrere Tage, ja wochenlang krank in seiner Stube, ohne daß sich jemand ernsthaft um ihn kümmerte. Später äußerte er sich in einem Brief: "Seit etlichen Tagen habe ich gedacht, wie es möglich ist, daß ein Mensch so viele Krankheiten und Schwächen an Haupt und Gehirn ausstehen kann, ohne verwirrt zu werden oder einen Schlaganfall zu bekommen?"
1725 nahm Tersteegen seinen Freund Heinrich Sommer bei sich auf. Sie webten gemeinsam - täglich 10 Stunden, ließen sich jedoch gegenseitig genügend Freiraum für eigene Aufgaben. Für Tersteegen bedeutete dies, mehr und mehr Zeitaufwand für Predigten und Seelsorgedienst. Hierzu hatte ihn maßgeblich sein Freund Wilhelm Hofmann ermutigt, welcher früh Tersteegens Berufung erkannte. Zahlreiche Menschen fanden sich in einem Bauernhaus ein, wo der späte Jünger Jesu ihnen mit solcher Begeisterung Gottes Botschaft lehrte, daß viele, die sich vom Christentum abgewandt hatten, ihre innerliche Erleuchtung erlebten und sich neu zu Gott und Jesu bekannten. Durch diese "Erweckungen" zum Glauben suchten Reiche und Arme gleichermaßen bei Gerhard Tersteegen geistlichen Rat, Trost und Zuversicht. Die Zahl treuer Freunde und Verehrer in den Landen zwischen Schweden und der Schweiz wuchs ständig. Hierzu trugen vor allem seine Liebesge-

dichte und schlichten ehrlichen frommen Schriften bei. Inzwischen war aus dem Weber und Gottsucher ein weithin geachteter und beliebter Erbauungsdichter und pietistischer Erweckungs-Seelsorger geworden. Das Vertrauen der Gläubigen stärkte auch ihn, half ihm, seine Leiden zu ertragen, so daß er einmal bekannte: "Etwas anderes begehre ich nicht, als Gott zu gefallen, Gott zu dienen und für Gott zu leben in Ewigkeit".
Jost Müller-Bohn schrieb in unserer Zeit bewundernd: "Seine Dichtungen entwickelten sich in ihrer Eigenständigkeit zu einmaliger Schönheit, und ihr eigenwilliger Charakter zeichnet sich vor anderen lyrischen Werken aus". Sein "Geistliches Blumengärtlein inniger Seelen"(1729), eine Sammlung von Liedern und Reimsprüchen, erzielte mehrere Auflagen. Die "Kleine Perlenschnur" erschien erst in Tersteegens Lebensabend. Bedeutsam sind außerdem die 1733-1753 entstandenen "Auserlesenen Lebensbeschreibungen heiliger Seelen". Dies sind 25 "Lebensbilder gottesfürchtiger Persönlichkeiten". Ihnen folgten Ansprachen aus den Jahren 1753-1756 u.d.T. "Geistliche Brosamen von des Herrn Tisch gefallen, von guten Freunden aufgelesen und hungrigen Herzen mitgeteilt". Auch heute noch gültig sind Gerhard Tersteegens Essays über den christlichen Gebrauch der Lieder und des Singens: "Weg der Wahrheit". Besonders überraschend erscheint aus heutiger Sicht das Werk: "Gedanken über die Werke des Philosophen von Sanssouci", d.h. über Friedrich den Großen.
Als zur Seelsorge die Krankenfürsorge immer mehr Zeit in Anspruch nahm, Tersteegen nach eigenen Erfahrungen auch Naturheilmittel selbst herstellte und manchen Leidenden Linderung oder gar Genesung schenken durfte, und er selbst durch fortwährende eigene Krankheiten alle seine Kräfte bündeln mußte, beendete er seine Tätigkeit als Seidenband-Weber und wurde zum "Leibarzt der Verlassenen und Armen". Erst jetzt, da er selbst kaum mehr Einkünfte hatte, war er bereit, Spenden von Geistes-

freunden anzunehmen, die er bislang stets abgelehnt hatte. Freilich behielt er für sich nur das Notwendigste und verteilte die Gaben weiter an Bedürftige. Neben seinen "Donnerstag-Veranstaltungen", in denen er das "Wort vom Kreuz in vollmächtiger Weise verkündigt" hatte, die er bis zum Verbot durch den Magistrat der Stadt Mülheim rund dreizehn Jahre durchführte, fuhr er auch als "evangelisierender Reiseprediger" durch die Lande, insbesondere nach Holland und ins Bergische Land; u.a. predigte er auch in der weltberühmten Neanderhöhle bei Mettmann, wo hunderte Gläubige auf ihn warteten. Die Strapazen nahm er auf sich, da sie begehrten ihn - dessen Schriften sie mit Freude gelesen hatten - persönlich kennenzulernen. Als er sich mit Heinrich Sommer 1746 ein eigenes Haus in der Teinerstraße 1 (heute Heimatmuseum) erwerben konnte, kamen die Menschen aus nah und fern gepilgert, bevölkerten seine Zimmer, um seinen Worten zu lauschen. Natürlich gab es auch Neider und Feinde, doch waren sie in der Minderheit. Manche Skeptiker bekannten sich zu ihm, nachdem sie Tersteegen gesehen und gehört hatten. Eine Glaubensschwester wohnte mit ihren Angehörigen im Erdgeschoß des Hauses, half Tersteegen beim Betreuen der Gäste und versorgte den Haushalt des körperlich totkranken aber geistig ungebrochenen Predigers.
Ohne Todeskampf endete sein schmerzvolles und doch geistig-seelisch so reiches Leben am 3.April 1769. Drei Tage später gaben ihm zahlreiche Trauernde das letzte Geleit zum Friedhof in Mülheim neben der Petrikirche. Johann Engelbert Evertsen, geistlicher Bruder und Freund, sagte in seinem Nachruf über Gerhard Tersteegen: "Er war wirklich ein Freund Gottes; daß Gott ihm seinen Geist und seine Liebe reichlich zufließen ließ, habe ich mehrfach gesehen und erfahren. O welch eine Erhabenheit, Andacht und friedvolle Stille habe ich zu meiner nicht geringen Erbauung und Stärkung in ihm erblickt!"

Caro Sassone - lieber Sachse

Dem Opern- und Kirchenmusiker Johann Adolf Hasse zum 300. Geburtstag

"Caro Sassone" (lieber Sachse), nannten die Italiener im 18.Jahrhundert zärtlich den deutschen führenden Maestro der spätneapolitanischen Oper. Leider kennen heutzutage - abgesehen von Fachleuten - nur noch wenige Musikfreunde Johann Adolf Hasse, den einst berühmten Komponisten, der als Schüler des großen Allessandro Scarlatti, ein Meister italienischer Musik reinen Rokokostils wurde. Immerhin sorgte ein Glücksfall dafür, daß der Autor just am Tage, da er diese Würdigung für Hasse zum 300. Geburtstag schrieb, morgens im Rundfunk die Ouvertüre einer seiner mehr als 50 Opern hören durfte. Eher schon gelingt es Liebhabern der Kirchenmusik eine Messe, ein Oratorium, eine Motette oder gar ein Requiem Johann Adolf Hasses anläßlich einer feierlichen Stunde in einem Gotteshaus oder einem Gemeindesaal zu hören.
Als Sohn des Organisten Peter Hasse wurde Johann Adolf am 23. oder 24.März (getauft am 25.März) 1699 in Bergedorf (Hamburg) geboren. Der musikalisch sehr begabte Junge durfte bald in örtlichen Kirchenkonzerten mitsingen..
Mit 25 Jahren wurden ihm in Hamburg die Begegnungen mit der Welt der Oper und Kirchenmusik zum zentralen Erlebnis. Er selbst hat am dortigen Theater "einen Operisten agiert". Ulrich König, späterer Hofpoet in Dresden, empfahl das junge Talent der Hamburger Oper als "Tenorist". Hier hat Hasse vornehmlich die Kunst des Hauptkomponisten Reinhard Keiser fasziniert. Als Greis äußerte er einmal: "Nach seinem Begriff wäre Keiser einer der größesten Tonkünstler gewesen, die jemals auf der Welt gelebt". Ebenfalls König verdankte J.A.Hasse 1721 eine Stelle als Hof- und Theatersänger am Hofe

des Herzogs von Braunschweig. Er sang vorwiegend in Opern des Georg Kaspar Schürmann mit. In der Welfenstadt entstand auch Hasses erste Oper "Aniochus".
1722 trieb die Sehnsucht nach Süden Johann Adolf Hasse nach Neapel. Italien galt damals für deutsche Musiker als Bildungsstätte ersten Ranges. Zunächst Schüler des Opernkomponisten Nicolo Porpora, wurde er bald freundlich vom Hofkapellmeister Allessandro Scarlatti zum Studium aufgenommen. Ungewöhnlich fruchtbar war die neapolitanische Epoche für den jungen Musiker. In manchen Jahren komponierte er 3-4 Opern. Die Italiener feierten ihren "Maestro soprammerario della Real Capella di Napoli"als führenden Künstler der Opera seria, der höfisch-aristokratischen Solo-Oper, obgleich er auch durchaus Buffo-Opern schuf. Die Libretti zu Hasses Opern schrieb größtenteils der Dichter Pietro Metastasio.
In Venedig trat Johann Adolf Hasse erstmals als bedeutender Kirchenkomponist hervor, verfaßte u.a. zwei lateinische Oratorien für das Mädchen-Conservatorium "degli Incurabili", dessen Kapellmeister er seit 1727 war.Die Mädchen wurden wegen ihrer wunderschönen Stimmen vielseitig bewundert, vor allem auch von Rousseau und Goethe; "sie sangen wie Engel". 1728 entstand Hasses gewichtigstes kirchenmusikalische Werk "Miserere in C-Moll". Es verbreitet sich rasch in Deutschland und Österreich,ließ selbst bislang skeptische Kritiker verstummen und setzte den Grundstein zu seinem Ruhm als Kompositeur geistlicher Musik. Selbst 60 Jahre nach Hasses Tod befahl der preußische König dessen Vertonung des 51.Psalms (Miserere) und Mozarts "Requiem" am Oster-Samstag in Berlin aufzuführen.
In Venedig heirateten 1730 die berühmte Sängerin Faustina Bordoni und der Maestro Johann Adolf Hasse. Vermutlich war der streng religiöse Einfluß seiner Gattin auch ein Grund, daß Hasse zur Katholischen Kirche konvertierte. Im Sommer 1731 folgte das junge Ehepaar einer Einladung des sächsischen Kurfürsten Friedrich August I.nach

Dresden. Erfolgreich war hier die Aufführung der Oper "Cleofide", und Hasse wurde zum "königlich-polnischen kurfürstlich-sächsischen Kapellmeister" ernannt. Nach einem kurzen Zwischenspiel in Italien entwickelten sich erste Verbindungen zum Wiener Hof. Für ihn schuf Hasse die Azione sacra (ital.: geistliche Handlung) "Daniello". Ja, er unterrichtete sogar die spätere österreichische Kaiserin Maria Theresia.

Als das Künstlerpaar Hasse-Bordoni Anfang 1734 in Dresden eintraf, ahnte es wohl kaum, daß die sächsische Hauptstadt für rund 30 Jahre ihre zweite Heimat werden sollte. Neue Herrschaft am Kurfürstlichen Hof waren Friedrich August II.und seine Gemahlin Maria Josepha von Österreich. Johann Adolf Hasse komponierte in Dresden mehr als die Hälfte seiner Opern, die meisten seiner Oratorien, dazu Instrumental- und Kirchenmusik. Mit seinem Oratorium: "Il Cantico di tre Fanciulli" 1734 vergrößerte sich seine Berühmtheit als Kirchenkompositeur noch mehr.Dennoch reisten Hasse und seine Frau oft nach Italien,meist dann, wenn Friedrich August als König von Polen an der Warschauer Residenz weilte. Sie besuchten aber auch andere europäische Höfe und Städte. Vor allem Friedrich der Große war so begeistert von Hasses Musik, verehrte den Meister so sehr, daß er in den Kriegsjahren 1745 und 1756 Dresden aufsuchte, um Hasses Oper "Arminio"zu erleben oder um mit ihm zu musizieren. Selbst Kirchenmussik hörte der Monarch sich an, wenn Hasse selbst dirigierte. Gleichfalls 1734 führte J.A.Hasse seinen "Arta serse" in London auf, an der gegen Händel gerichteten italienischen Konkurrenz-Oper.

1750 erklang Hasses Oratorium "La conversione di San Agostino"; der Text stammte von der Gattin des sächsischen Kurprinzen Friedrich Christian, Maria Antonia von Bayern. Auf Empfehlung des sächsischen Kurfürstenpaares gastierte Hasse in Paris. Die Begeisterung war groß; der Dauphin (Thronfolger) beauftragte den Meister ein

"Te Deum" zu schreiben. Bei der Einweihung der katholischen Hofkirche in Dresden am 29.Juni 1751, leitete J.A.Hasse die Aufführung seiner "D-Moll-Messe" und des "Te Deum laudamus". Zum Tod des Kurfürsten komponierte der dankbare Hofkapellmeister seinem langjährigen Schirmherr und Verehrer ein "Requiem in C-Dur", das zum Exequien (Totenmesse) Augusta III.am 22.November 1763 uraufgeführt wurde. Der neue Kurfürst Friedrich Christian entließ Hasse und Bordoni aus den Hofdiensten. Doch riß die enge Beziehung zum sächsischen Hof niemals ab, denn die Witwe des Kurfürsten, Maria Antonia, blieb J.A.Hasse lebenslang eine treue Gönnerin. Er ließ "Sr. Churfürstlichen Durchlaucht" ein "Tantum ergo" (Kreuzeshymnus) überbringen.
In Wien fanden die beiden Künstler herzliche Gastfreundschaft. Zwar nahm Hasse im nun folgenden Jahrzehnt keine feste Anstellung mehr an, doch waren ihm Aufträge vom Kaiserlichen Hof genehm,zumal allmählich seine Schaffenskräfte schwächer wurden. Dennoch schuf er vier Opern in Wien, sowie das Intermezzo "Piramo e Tisbe" (1768). Hasse freute sich, daß er mit knapp 70 Jahren noch so erfolgreich beim Publikum war. Die Wiener waren ihm wohlgesonnen - obgleich sich inzwischen unter Gluck und seinen Anhängern eine Opposition gegen die italienische Oper gebildet hatte -, denn schon 1761 hatte Hasse unter Maria Theresia ein geistliches Konzert von Mitgliedern der kaiserlichen Residenz interpretiert, aufführen lassen, in dem neben dem kaiserlichen Ehepaar auch der Wiener Erzbischof agierte. Zur Hochzeit des Erzherzogs Ferdinand 1771 fand die Uraufführung der letzten Hasseschen Oper "Ruggiero" statt.
Ab 1773 lebten J.A.Hasse und seine Frau zurückgezogen in Faustinas Heimat. Der Meister litt an der Gicht. Er fühlte sich immer stärker der Kirchenmusik verbunden. So schuf er 1776 noch ein großes Te Deum "L'inno Ambrogiano ovvero il Te Deum laudamus" in G-Dur und drei

Jahre später seine letzte Messe: "Messa intiera per Clementissimo Commando di sua Al Ser Elettorale di Sassonia composta da Giov Adolfo Hasse 1779".
In Venedig, in der Adventszeit des Jahres 1783, am 16.Dezember, endete Johann Adolf Hasses erfolgreiches und erfülltes Leben.

Reformer des deutschen Theaters und der Dichtkunst

Johann Christoph Gottsched zum 300.Geburtstag

Es ist schwierig, einer Persönlichkeit wie dem Literaturkritiker, Spracherzieher und Poeten Johann Christoph Gottsched, gerecht werden zu können. Schon zu Lebzeiten war er umstritten, da er sich einesteils als geistiger Führer der frühen Aufklärung Verdienste zugunsten des Theaters wie der Erneuerung der deutschen Sprache und Dichtkunst erwarb, sich andrerseits aber durch seine unerbittliche, rechthaberische Art des Wissens und Deutens in selbstüberschätzter Absolutheit, gefangen in seinen strengstarren Regeln und Formen, die gewonnene Hochachtung und Anerkennung als Wissenschaftler so verspielte, daß er sich selbst schon in seinem Lebensherbst als einstiger "Literaturpapst" überlebt hatte. Goethe schrieb 1765 über Gottsched fast mitleidig: Ganz Leipzig verachtet ihn; niemand geht mit ihm um!" Dennoch besuchte der Jurastudent den alternden Professor der Poesie im "Goldenen Bären".

In Juditten(kirch) bei Königsberg in Preußen wurde Johann Christoph Gottsched vor 300 Jahren, am 2.Februar 1700,als Sohn eines Predigers geboren. Erst 14jährig begann er bereits sein Studium der Theologie, Philosophie und Philologie an der Universität Königsberg. Nur kurze Zeit lehrte der junge Privatdozent Philosophie in der ostpreußischen Hauptstadt. Dann floh er 1724 aus "dem beliebten Ort". Gottsched fürchtete, wegen seiner stattlichen Körpergröße, gewaltsam von preußischen Werbern des Soldatenkönigs Friedrich Wilhelm I. in das Regiment der langen Kerle eingezogen zu werden. Dank des Poeten Johann Burchard Mencke fand Gottsched in Leipzig eine neue Heimat. Eingeführt von ihm in die "Deutsche übende poetische Gesellschaft" gewann Gottsched als Senior unter den Mitgliedern rasch Einfluß in das Leipziger Literaturgeschehen. Auch war er an dieser sächsischen Universität so erfolgreich, daß er 1730 zum a.o. Professor der Poesie und wenige Jahre später zum o.Professor der Logik und Metaphysik ernannt und mehrfach zum "Rector magnificus" gewählt wurde. Er gab die moralischen Wochenschriften "Die vernünftigen Tadlerinnen" und "Der Biedermann" heraus und begann in der damals schon berühmten Buch- und Messestadt an der Weißen Elster den deutschen Literaturbetrieb zu einem Mittelpunkt zu bündeln, denn das Sächsische empfand Gottsched als "die reine Form des Deutschen".

Seiner 1728 dargelegten "Ausführlichen Redekunst" ließ Gottsched 1730 sein Hauptwerk folgen: "Versuch einer critischen Dichtkunst vor (für) die Deutschen". Hiermit leitete er eine Reform der deutschen Literatur und des deutschen Dramas im Stil der französischen Klassiker ein. Leider übersteigerte er dabei seine Ideale derart, daß er die angestrebte Erneuerung der Dichtkunst in so enge Rahmen zu pressen versuchte, daß die Entwicklung der künstlerischen Freiheit und Eigenart erstarrten und durch nur erlaubte ausgewählte Themen verarmen müßte, würden Gottscheds konstruierten Regeln Folge geleistet.So sollten die Helden eines Dramas nur "ansehnlichste Personen der Welt" sein. Ja, Gottsched forderte "An **einem** Orte sich, an **einem** Tag vollende / Die **eine** Handlung,die moch Teilnahm' weckt am Ende..." Auch ist seine These: "Wer die richtigen Regeln hat, ist auch ein großer Dichter", nicht nachvollziehbar. Als Beispiel für die Schaubühne schrieb Gottsched das Trauerspiel "Der sterbende Cato". Doch geriet es trotz beachtlicher Alexandriner durch seinen zu künstlichen Formzwang nur zum blutarmen undramatischen Stück.

Gewiß ist Gottscheds Streben, die Schriftsteller anzuspornen "Reines gepflegtes , feines Deutsch"zu schreiben, anzuerkennen. Doch ihm selbst fehlte bei allem edlen edlen Bemühen die Schönheit der deutschen Sprache sichtbar und hörbar werden zu lassen, das Gespür für wirkliche poetische Kunst. So sind auch in Sammelbänden, in denen Gedichte der bedeutenden deutschen Dichter vorgestellt werden, im allgemeinen keine Verse von Johann Christoph Gottsched zu finden. Wen würde auch eine solche Strophe ansprechen, die Gottsched für Zar Peter den Großen dichtete:

"Deines Geistes hohes Feuer
Schmelzte Rußlands tiefsten Schnee.
Und das Eis ward endlich teuer
An der runden Caspersee!" (Kaspisches Meer.)

Jedoch als Literaturtheoretiker der Dichtkunst können wir Gottsched nicht hoch genug schätzen. Er war ein Wegbereiter für die nachfolgenden großen klassischen Dichtergenerationen. Die von ihm herausgegebenen "Beyträge zur kritischen Historie der deutschen Sprache,Poesie und Beredsamkeit" (8 Bde.1732-44), sowie seine"Grundlegung einer deutschen Sprachkunst" (1748), haben viel dazu beigetragen,daß sich wesentliche Werke der deutschen Dichtkunst in der zweiten Hälfte des 18.Jahrhunderts einen dauerhaften Platz in der Weltliteratur erobern konnten. Hinzu kommen die 6 Bände "Deutsche Schaubühne" (1740-45), in denen Gottsched mit Unterstützung der"Gottschedin" und Studenten ins Deutsche übersetzte Dramen nach den Regeln der griechischen und römischen Klassiker für die berühmte Theatertruppe von Johann und Karoline Neuber erarbeitete. Johann Christoph Gottsched hatte die Gottschedin - Luise Adelgunde Viktoria Kulmus - 1735 geehelicht. Sie fühlte sich ihrem Mann hilfreich verbunden und war selbst eine beachtliche Schriftstellerin, übersetzte heitere Stücke aus dem Englischen und Französischen und öffnete mit ihren deftigen Sittenkomödien dem deutschen Lustspiel das Tor zum 18.Jahrhundert.Und auch wenn Lessing fast nur Spott für seine Zeitgenossen übrig hatte, ist Gottscheds "Bibliographie seit 1450" u.d.T. "Nöthiger Vorrath zur Geschichte der deutschen dramatischen Dichtkunst" (1757-65) "ein fast unentbehrliches Quellenwerk" geblieben und der Reformprofessor hat mit diesem Verzeichnis "an Verständnis und Eifer wie an vaterländischer Gesinnung... durchaus Tüchtiges geleistet" (Vogt/Koch). 1756 entwickelte Gottsched eigene "Vorübungen der lateinischen und deutschen Dichtkunst zum Gebrauch der Schulen".

Gottscheds höchstes Ziel war: eine "Deutsche Akademie" (nach Vorbild der französischen) zu gründen. Dies konnte er nicht erreichen, doch unterstützte ihn die Neuberin in seinem Bemühen um die Erneuerung des deutschen Theaters. Daß er dabei nur die französische Schaubühne im Blickfeld hatte und die künstlerischen Qualitäten der englischen Dichtkunst nicht erkannte, bleibt sein Geheimnis. Aber nicht nur Shakespeare und Milton versagte er die Anerkennung, sondern auch Klopstock, ja, er bekämpfte das Hamburger Opernwesen. Da für Gottsched "verstandesmäßige Klarheit und Grundsätze der Vernunft"höchste Gebote waren, verurteilte er "das Wunderbare, Phantasie und Gefühl", sowie "die Regellosigkeit in der Dichtung".

Mit seinem dogmatischen Rationalismus nährte sich Gottsched rasch Gegner seiner Ansichten. Vor allem mit den Schweizer Schriftstellern, dem Literaturkritiker Bodmer und dem Philologen Breitinger, kam es zu heftigen literarischen Streitigkeiten, bald auch durch den beginnenden Irrationalismus zu geistigen Kämpfen mit Lessing,Klopstock und Herder. Nicht vergessen aber werden darf bei all diesen Gegensätzen der Denkweise, daß Gottsched - gemeinsam mit der Neuberin - den "Hanswurst", welcher in oft unflätiger Weise die Handlungen auf der Schaubühne störte,von ihr verbannte. Auch setzte er sich dafür ein, daß in Stücken aus vergangenen Epochen die Darsteller in Gewändern der Zeit der Handlung auftraten

und nicht - wie damals üblich - in Barockkleidern.Schließlich sorgte er mit Karoline Neuber nicht nur für eine Ausbildung der Schauspieler in Vortragskunst, sondern er verhalf ihnen auch zu einer besseren Anerkennung ihres Berufsstandes in der Gesellschaft.
Bedauerlicherweise kam es 1738 zum Zerwürfnis mit Mitgliedern der Leipziger deutschen Gesellschaft, drei Jahre später folgte der Bruch mit der Neuberin,die Gottsched nun in ironischer Weise als Karikatur im Sternenmantel mit Fledermausflügeln auf ihrer Schaubühne in Leipzig darstellte. Immerhin übernahmen andere Theatertruppen die von Gottsched reformierten Formen der Theatererneuerung.
Trotz vieler Enttäuschungen waren Gottsched noch erfreuliche Erlebnisse beschieden. 1749 wurde er mit seiner Gattin von Kaiserin Maria Theresia in Wien freundlich empfangen. Im katholischen Österreich fand seine "Sprachkunst" zugunsten der hochdeutschen Schriftsprache Anerkennung. 1757 ließ sich Friedrich der Große während eines Aufenthaltes in Leipzig Gottsched vorstellen und sprach lang mit ihm, ja, er nannte ihn in einem Poem "Cygne saxon", d.h. "sächsischer Schwan". Wenig später wandt der preußische König jedoch seine Gunst dem Dichter Christian Fürchtegott Gellert zu.
Die größte Leistung des am 12.Dezember 1766 in Leipzig gestorbenen Literaturprofessors Johann Christoph Gottsched war die "Wiedervereinigung von Literatur und Bühne, Dichter und Schauspieler" (Vogt/Koch).

NB: Vergleiche die Biographie Gottscheds mit jener der Neuberin.

Die seltsamen Abenteuer des Barons von Münchhausen

Vor 200 Jahren verließ er seine Freunde

"Lügenbaron" wurde Freiherr von Münchhausen genannt.Dieser Name war aber keinesfalls verächtlich gemeint. Im Gegenteil: Er war eine Bewunderung für den meisterhaften Fabulierer unglaublicher Reise-, Kriegs- und Jagdabenteuer, so daß selbst Goethe achtungsvoll von ihm sprach: "Wer so versteht, Lügen von genialischtem Effekte in die Welt zu setzen, muß ein großer Mann sein, vor dem alle Welt den Hut zu ziehen hat".
In Schloß Bodenwerder zwischen Hameln und Holzminden wurde Karl Friedrich Hieronymus Freiherr von Münchhausen am 11.Mai 1720 geboren, und in diesem Rittergut starb er auch vor nunmehr 200 Jahren, am 22.Februar 1797.Begraben wurde er jedoch in der alten Klosterkirche des Nachbarortes Kemnade. Das Schloß dient heute als Rathaus und birgt in einem Gedenkraum Urkunden, Münchhausen-Bücher in deutscher Sprache und fremdländischen Übersetzungen, sowie Illustrationen und Bilder, die sich mit den "wunderbaren Reisen zu Wasser und zu Lande, Feldzügen und lustigen Abenteuern des Freiherrn von Münchhausen" befassen, "wie er dieselben bei einer Flasche Wein im Zirkel seiner Freunde zu erzählen pflegte".
Vom Freiherrn von Münchhausen ist bekannt, daß er zeitweilig als Page am Hofe zu Wolfenbüttel lebte, sowie daß er seit 1738 in russischen Diensten stand und als Offizier 1740/41 an zwei Kriegen gegen die Türken teilnahm.
1750 auf sein Gut in Bodenwerder zurückgekehrt, erzählte der Baron - wenn er nicht gerade der Jagdlust fröhnte - den begeisterten Gästen seine später "Münchhausiaden" genannten Erlebnisse in fremden Ländern "mit militäri-

schem Nachdruck, aber mit der leichten Laune eines Weltmannes".
Erstmals tauchten im "Vademecum für lustige Freunde" 1781-1783 unter dem Decknamen "Herr von M-h-s-n" solche Märlein in der Öffentlichkeit auf. Doch erst Rudolf Erich Raspe (1736-1794), ein wegen Unterschlagung aus Kassel geflüchteter Professor der Altertümer veröffentlichte 1785 anonym in Kassel gesammelte Münchhausiaden in London u.d.T. "Baron Münchhausens Narrative of his Marvellous Travels and Campaigns in Russia". Ein Jahr später übersetzte Gottfried August Bürger (1747-1794) den Text ins Deutsche und vermehrte die Ausgabe um rund ein Dutzend Geschichten.
Münchhausen wurde durch seine köstlichen erschwindelten Schnurren, die sich durch ihre Volksnähe und zuweilen auch durch einen nachdenkenswerten Hintersinn auszeichnen, weltberühmt. Und wer kennt und liebt sie nicht seit Kindertagen, die faszinierenden Abenteuer vom Ritt auf der Kanonenkugel, vom Bär, der eine Wagendeichsel verschlingt, vom Hasen, der zweimal vier Beine besaß und sie beim Laufen wechseln konnte oder wie sich der Baron am eigenen Zopf aus dem Sumpf zog?
Im Park vor dem Schloß in Bodenwerder finden wir den Denkmalbrunnen mit dem halbierten Gaul, der unermüdlich Wasser saufen kann, weil es aus dem Bauch sofort wieder herausfließt, und im Grottenhäuschen des Berggartens soll Münchhausen seine Geschichten ersonnen haben.

Johann Peter Uz

Zum 200.Todestag des Anakreontikers (€)

"O Wald! O Schatten grüner Gänge!
Geliebte Flur voll Frühlingspracht!
Mich hat vom städtischen Gedränge
mein günstig Glück zu euch gebracht."

So dichtete im Freudengefühl über die wieder erwachende Natur der am 12.Mai 1796 als Sohn eines Goldschmieds in Ansbach verstorbene Rokoko-Dichter Johann Peter Uz. In dieser mittelfränkischen Stadt wurde er auch geboren, am 3.Oktober 1720, im Zeichen der Waage. Ihm zu Ehren trägt die Straße, in der sein Geburts- und Sterbehaus steht (Nr.25) seinen Namen: "Uzstraße".
Uz studierte ab 1739 in Halle an der Saale Jura und Philosophie. Hier fand er in Ludwig Gleim und Johann Nikolaus Götz gute Freunde. Alle drei waren Zeitgenossen Lessings und Anhänger des griechischen Lyrikers Anakreon (er lebte im 5.Jahrhundert vor Christus). Als Anakreontiker gingen sie in die Literaturgeschichte ein.
Uz war ein bedeutender Übersetzer der Dichtungen von Horaz und Anakreon. Horaz empfand er als seinen Lehrmeister und geistigen Begleiter. Gemeinsam mit Götz gab er 1746 Anakreons Werke heraus.
Johann Peter Uz dichtete heitere, gesellige Lieder über die Liebe, die Freundschaft und über den Wein, aber auch religiöse und humane Lehrgedichte. 1749 veröffentlichte er seine erste Sammlung: "Lyrische Gedichte". Zu jener Zeit war er schon Sekretär beim Justizkollegium in Ansbach und führte ein "stilles, pflichttreues Beamtenleben". Selbst der Markgraf wurde auf Uz erst aufmerksam, als Papst Clemens XIV. ihm "zum Besitz eines so trefflichen Dichters" gratulierte.
Mit dem komischen Epos "Der Sieg des Liebesgottes"(1753),

nach Alexander Popes "Lockenraub", schuf sich Uz zwar durch einige Spottverse, die er gegen die Nachahmer Klopstocks verfaßt hatte, in der Schweiz Feinde, wurde aber dadurch auch in der Öffentlichkeit bekannt.
1755 folgten "Lyrische und andere Gedichte" und 1760 ein "Versuch über die Kunst fröhlich zu seyn". Diese Werke und besonders die Ode "Theodicee" (poetische Vertiefung in einen Gedankenpfad über Leibniz' gleichnamige Philosophie), begeisterten Lessing und Herder und brachten Johann Peter Uz Anerkennung im Ausland.
Bemerkenswert und zeitgemäß aktuell ist Uz' vaterländisches Gedicht: "Das bedrängte Deutschland":

"Wie lang zerfleischt mit eigner Hand
Germanien sein Eingeweide?
Besiegt, ein unbesiegtes Land,
Sich selbst und seinem Ruhm zu schlauer
Feinde Freude?" -

"Sämtliche Poetische Werke" in zwei Bänden erschienen 1768, und erst 1866 gab A.Henneberger Johann Peter Uz' "Briefe an einen Freund" heraus.
Sehr spät erst, Anno 1790 - also mit rund 70 Jahren - wurde Uz Direktor des kaiserlichen Landgerichts und gar erst im letzten Lebensjahr (1796) Geheimer Justizrat in Nürnberg.
Wie unterschiedlich der Dichter Uz reichlich ein Jahrhundert nach seinem Tode beurteilt wurde, mögen nachfolgende gegensätzliche Kritiken deutscher Literaturwissenschaftler belegen. So schrieb Eduard Engel 1911: "Uz...hat allerlei oberflächliche Tändelgedichte verfertigt, die... längst vergessen sind." Hingegen äußerten sich die Professoren und Doktoren Friedrich Vogt und Max Koch 1904: "Der wackere Johann Peter Uz ist doch als Mensch und Dichter eine mehr achtende Persönlichkeit als Götz. Seinem ernsteren Sinne genügte die anakreontische Tändelei nicht auf die Dauer."

€) Nachahmer der Dichtweise Anakreons

Caroline Große Landgräfin von Hessen-Darmstadt

und ihr Musenhof des Geistes, der Kunst und der Toleranz - Zum 275.Geburtstag

Für Friedrich den Großen war Caroline, die Große Landgräfin von Hessen-Darmstadt, nicht nur "Zierde und Bewunderung unsres Jahrhunderts", sondern er bezeichnete sie auch als "Femina sexu ingenio vir" (eine Frau mit männlichem Geist) und sandt, als sie am 30.März 1774 in Darmstadt gestorben war, als seine letzte Ehrung für sie eine marmorne Urne, welche noch heute ihr Grab schmückt.
"Große Landgräfin" - Goethe verlieh ihr diesen Titel - wurde die am 9.März 1721 in Straßburg geborene Henriette Caroline Christiane Louise von Pfalz-Zweibrücken wegen ihrer geistig-kulturellen Ausstrahlung genannt, denn ihr Musenhof und der Darmstädter Kreis, um dessen Hauptfigur Johann Heinrich Merck sich so bedeutende Persönlichkeiten wie Goethe, Herder, Wieland und Gleim scharten, galt damals, wie später der Weimarer Hof,als ein Zentrum der Kunst und des Geistes. Vor allem wurde Carolines große Toleranz geschätzt: "Nichts ist grausamer als die Intoleranz. Gott duldet alle Religionen, alle Sekten, aber der Mensch tritt als Verfolgung auf!"
Übrigens war auch Karoline Flachsland - Herders spätere Frau und als "Psyche" Mitglied des Darmstädter Kreises der "Empfindsamen" (auch Goethe gehörte dazu), Hofdame und Freundin der Landgräfin.
Caroline, älteste Tochter des Herzogs Christian III.von Pfalz-Zweibrücken-Birkenfeld und seiner Gattin Caroline, geb. Gräfin von Nassau-Zweibrücken, heiratete am 12.August 1741 in Zweibrücken den Erbprinz Ludwig IX.von Hessen-Darmstadt. Das junge Paar lebte zunächst in der kleinen Hanau-Lichtenberger Residenz Buchsweiler im Elsaß. Doch trat Ludwig bald in die Dienste des Preußenkönigs Fried-

rich II., den er sehr verehrte, als Generalmajor und Kommandeur des Regiments von Selchow, kehrte jedoch auf strengen Wunsch seines Vaters Ludwig VIII. Landgraf von Hessen-Darmstadt, welcher ein Anhänger Maria Theresias war, zurück in sein Land.

Während Caroline von 1741-46 kinderlos in Buchsweiler wohnte, baute sich Ludwig IX. Pirmasens als Soldatenkolonie nach preußischem Muster aus. Caroline las begeistert und kritisch deutsche und französische Literatur. In Ihrer Bibliothek befanden sich etliche Exemplare jener Bücher, die verboten oder gar öffentlich verbrannt worden waren. Sie beschäftigte sich mit Musik, erfreute sich wandernd oder reitend an der schönen Landschaft: "Gestern bin ich von 6 Uhr morgens in den Wäldern und auf den Bergen herumgelaufen. Ich kam mir vor wie die Ceres, welche die Prosperina sucht. Der Unterschied war nur der, daß ich nichts suchte." Auch schrieb sie in ihrer jahrelangen Einsamkeit - von 32 Ehejahren lebten die Gatten nur 14 Jahre zusammen - tausende Briefe,vor allem an ihre Mutter und an ihren Mann, aber auch Voltaire und Friedrich Melchior Baron von Grimm gehörten später zu ihren Briefpartnern.

Caroline besuchte Ludwig in Pirmasens nur selten und ohne sonderliche Freude, denn durch die grundverschiedenen Interessen liebte sie "zunächst Gott und Vaterland, ihre Mutter und die übrige Familie und erst dann ihren Gemahl".

Als Ludwig IX. ab 1750 wieder in preußische Dienste trat, wohnte das Paar für sechs Jahre gemeinsam zunächst in Prenzlau, dann in Berlin. In jener Zeit wurden fünf ihrer acht Kinder geboren, unter ihnen Friederike Louise (1751), die 1769 mit dem künftigen König Friedrich Wilhelm II.von Preußen vermählt wurde und Ludewig I.(1753), späterer Großherzog von Hessen und bei Rhein.

Schon Mitte der vierziger Jahre hatte Caroline Friedrich II. und seinen Berliner Hof kennen- und schätzen gelernt.

"Die jungen Leute dort haben Geist und die Damen außerdem Charme, Figur und gute Manieren", und über den König äußerte sie sich: "daß er mir gefällt und sich gut und geistreich ausdrückt".
Die Schwester des Preußenkönigs, Markgräfin Wilhelmine von Bayreuth, wurde nicht nur Carolines Freundin sondern später auch die Patin ihrer Tochter Wilhelmine. Caroline fiel der Abschied von Berlin schwer, denn Friedrich erwiderte ihre Zuneigung und Bewunderung. Sie schrieb u.a. an ihn: "Ich verlasse mit dem schmerzlichsten Bedauern Euer Majestät Staaten, durchdrungen von Respekt und Verehrung für den Helden und großen Menschen... der Himmel schütze immerdar ihre Tage... Erfüllt von Ihren Ideen, kann ich mich nicht stolz fühlen, daß ich den ersten Mann des Weltalls meinen Freund nennen darf?"
Und auch der große König äußerte sich verehrungsvoll zu einem Bild, das er der Landgräfin gesandt hatte:"Wenn das Konterfei sprechen könnte, würde es Ihnen sagen,wie das Original sie schätzt und hochachtet... Möchte diese schwache Abbildung meiner Gebrechlichkeit Sie an einen Mann erinnern, der den ganzen hohen Wert Ihrer Freundschaft kennt, und der es sich zur Aufgabe machte, sie zu verdienen."
Ab 1757 weilte Caroline wieder mehrere Jahre in Buchsweiler; ihr Gatte drillte seine Soldaten in Pirmasens und komponierte zahllose kurze Märsche. Auch als sein Vater Ludwig VIII. 1768 starb und er selbst Landgraf von Hessen-Darmstadt wurde, blieb er in seiner kleinen pfälzischen Residenz. Caroline - sie wohnte bereits seit 1765 mit ihren Kindern im Darmstädter Schloß - betreute den alten Schwiegervater und die Erste Dame am Hofe, dessen Schwester Friederike Charlotte, Fürstin Maximilian von Hessen-Kassel. Nach dem Tod Ludwig VIII. regierte Caroline als Landgräfin das Land Hessen-Darmstadt und repräsentierte gemeinsam mit ihrem Schwager Prinz Georg Wilhelm die Residenz.

Bescheiden waren ihre Wohnlichkeiten. Beschränkt durch eine Verfügung Ludwig IX., die er wegen der hohen Schulden seiner Vorfahren erließ, stand ihr nur der Verbindungsbau der künftigen Versammlungszimmer zwischen dem Glocken- und Kaisersaalbau zur Verfügung. Erst später durfte sie auch die älteren Räume des Schlosses mit dem neuerstellten Wall-Pavillon benutzen. Ludwig hatte etliche Pagen und Diener entlassen und berief auf Rat seiner Frau Friedrich Karl Freiherr von Moser als "dirigierenden Staatsminister, Präsident aller Landeskollegien und Kanzler". Wenngleich es Moser auch tatsächlich gelang, Hessen durch geschickte Verwaltungsmaßnahmen aus seiner großen Staatsverschuldung herauszuführen, machte er sich durch Habgier und Herrschsucht beim Landgrafen so unbeliebt, daß dieser ihn, den er zum Minister aber nicht zu seinem "Hofmeister" ernannt hatte, acht Jahre nach Beginn seiner Tätigkeit entließ.
Caroline liebte jedoch mehr den geistigen Gedankenaustausch als äußerliche Repräsentation. Vor allem J.H.Merck war wöchentlich mehrfach ihr Gast im Salon. Er galt als interessanter Unterhalter aus verschiedenen Wissensbereichen und verstand mehrere Sprachen. Er rühmte Carolines Vorzüge: "Wahrhaftigkeit, Tatkraft und gütereiches Menschentum".
So begleitete Merck als Vertrauter die Große Landgräfin auch 1773 auf ihrer Reise nach Rußland mit ihren Töchtern Amalie, Wilhelmine und Louise. Von Frankfurt am Main fuhr die Gesellschaft zunächst nach Erfurt, wo eine Begegnung mit Anna Amalia Großherzogin von Sachsen-Weimar und deren Sohn Carl August stattfand. Zwischenstation in Berlin, wo Friedrich der Große mit einem Kredit von 10000 Talern aushalf und Carolines Tochter Friederike als junge Gattin des Prinzen Friedrich Wilhelm (später König von Preußen) lebte.
Von Travemünde fuhr die Gesellschaft mit dem Schiff nach Reval. Katharina II. Kaiserin von Rußland empfing

ihre Gäste im Schloß Gatschina des Grafen Orloff. Wilhelmine von Hessen-Darmstadt war die Auserwählte für den späteren Zar Paul I. von Rußland. Die Verlobung fand am 26.August 1773 statt, die Hochzeit in St.Petersburg folgte am 1.Oktober mit tagelangen Feierlichkeiten. Wilhelmine, nun Natalie Großfürstin von Rußland, mußte den orthodoxen Glauben annehmen, worauf ihr Vater Ludwig IX. wütend reagierte. Um ihn zu besänftigen wurde er mit dem Andreasorden ausgezeichnet und zum russischen Feldmarschall ernannt. Dennoch empfing er seine Gattin nach ihrer Rückkehr in Pirmasens schlecht gelaunt.
Umso begeisterter wurde Caroline in der Darmstädter Residenz gefeiert. Doch sie fühlte sich erschöpft und ahnte, daß ihr Leben nicht mehr lange dauern würde. Bewußt bereitete sie sich auf ihren Tod vor und verfügte am 27.Januar 1774 ihren letzten Willen. Schon zwanzig Jahre früher hatte sie ihr Glaubenbekenntnis niedergeschrieben:

> "Gott die Ehre geben, die Ratschlüsse der Vorsehung verehren, mit Ergebung Gutes wie Böses hinnehmen, nicht murren über Seine Ratschlüsse; glauben, daß alles, was Er tut, gut ist; Ihn lieben um Seiner selbst willen... Seinen Nächsten lieben, suchen, ihm zu dienen, ob er nun Heide oder Christ sei, Gutes tun um des Guten willen..."

Nun bittet Caroline den Gatten ihren letzten Wunsch zu erfüllen. Sie möchte nicht in der Kirche sondern in ihrem Garten bestattet werden. Außerdem gibt sie Anweisungen an ihre Söhne und Diener, sowie über ihren Besitz und beschließt ihre Verfügung mit den Sätzen:

> "Nun bin ich ruhig. Ich empfehle meine Seele Gott; Ich habe niemals absichtlich jemand weh getan. Ich verzeihe meinen Feinden, wenn ich solche habe, und den Verrätern. Ich beklage meine Kinder, meine Mutter und meine Freunde, möge ich in ihrem Andenken fortleben."

Vier Tage nach ihrem Tod wird Caroline, die Große Landgräfin von Hessen-Darmstadt, am 3.April 1774 gegen 22 Uhr in aller Stille im Boskett (Lustwäldchen) ihres geliebten Hains (am Weg zwischen dem ehemaligen Hessischen Landestheater und der Hochschule) beerdigt. In diesem Park (Herrengarten), der maßgeblich durch ihre Initiative im Laufe der Jahre zu einem schönen Landschaftsgarten im englischen Stil umgestaltet wurde und wo sie so gern weilte, hatte sich Caroline ihre letzte Ruhestätte in einer Grotte persönlich ausgewählt und vorbereitet.

> "Hier an dem Ort, wo ich oft von dem Geräusch des Hofes ferne meine Seele mit Gott unterhalten habe... will ich ruhen."

Reformer des Schulwesens

Johann Bernhard Basedow zum 275.Geburtstag

Einer der großen deutschen Pädagogen war der Reformer des Schulwesens Johann Bernhard Basedow. Zur Zeit der Aufklärung forderte er eine Erziehung der Kinder und Jugendlichen zur "Natürlichkeit, Vernunft und Menschenfreundlichkeit" (Philanthropismus). Als freisinniger theologischer Schriftsteller trat er für die Pflege der Muttersprache, sowie der modernen Sprache allgemein ein.
Geboren wurde Johann Bernhard Basedow (eigentlich: Johan Berend Bassedau) in Hamburg, vor 275 Jahren, am 11.September 1723. Er studierte Theologie und Philosophie in Leipzig. Zwar hatte er bereits 1758 eine Neugestaltung des Unterrichts verlangt, doch sah er die Zeit seine Ideen in die Tat umzusetzen erst gekommen, als der Erziehungsroman "Emil oder über die Erziehung" des französischen Kulurphilosophen Jean-Jacques Rousseau 1762 in deutscher Sprache erschien. Durch seine Schriften und seine Vorträge, die er unterwegs auf Reisen hielt,erweckte der Kieler Professor und Lehrer an der Ritterakademie zu Soroe, nicht nur Aufmerksamkeit für seine neuen pädagogischen Gedanken, sondern es gelang ihm dadurch auch die notwendigen Kosten zur Präsentation seiner Werke zusammenzubekommen.
Dem 1768 vorgelegten Werk "Vorstellung an Menschenfreunde..." folgte zwei Jahre später das "Methodenbuch für Väter und Mütter der Familien und Völker", das - erweitert - 1734 als vierbändiges "Elementarwerk" beachtliches Aufsehen erregte. Persönlichkeiten wie Kant, Euler, Lavater und Mendelssohn spendeten Beifall und Anerkennung. Basedows Grundsatz für seine Lehre lautete: "Unterricht mit Anschauung des gelehrten Stoffes". Verdruß brachten

dem Philosophen hingegen seine Schriften "Philalethie" (Wahrheitsliebe, 1763/64) und "Methodischer Unterricht sowohl in der natürlichen als biblischen Religion"(1768). Als "Irregeleiteter und in die Irre Führender", wurde Basedow deshalb vom Abendmahl ausgeschlossen und als "wider politische und pfäffische Unduldsamkeit" Beschuldigter seines Amtes enthoben.
Da fand er in Leopold Friedrich Franz Fürst zu Dessau, welcher die Erziehung der Jugend und des Volkes als seine wesentlichsten Pflichten als Monarch ansah, einen Förderer seiner Pläne zur Schulreform. Er berief Basedow nach Dessau, wo dieser Dank einer weltweiten Spendenaktion 1774 das Philanthropin gründen konnte, eine Musteranstalt für Zöglinge vom 6.-18.Lebensjahr. Basedow leitete diese "Mutterschule" bis 1778 selbst. Leider stellten sich die erhofften Erfolge nicht so schnell ein wie erwartet. Basedow erkannte bald, daß er für diese Aufgabe nicht sonderlich geeignet war und gab gern die Direktion der Erziehungsanstalt an den bedeutenden Pädagogen und Sprachwissenschaftler Joachim Heinrich Campe ab.
Erinnert sei schließlich noch an eine Rheinreise im Sommer 1774, die Basedow gemeinsam mit Goethe und dem Züricher Pfarrer und Philosophen Lavater unternahm. Das "Dreigestirn" besuchte u.a. im Nassauer Stadtschloß die Mutter des Freiherrn von und zum Stein, hielt sich im Nassauischen Badhaus zu Bad Ems auf, übernachtete im Schloß zu Neuwied und war Gast des allgemein geschätzten Gastgebers Friedrich Heinrich Jacobi auf dessen Landgut Pempelfort. Zur Zeit des "Diné zu Koblenz" prägte Goethe auch den bekannten heiteren Satz über sich und und seine Reisegefährten: "Prophete rechts (Lavater), Prophete links (Basedow), das Weltkind in der Mitten".
Am 25.Juli 1790 starb Johann Bernhard Basedow in Magdeburg. Aber bis ins Zwanzigste Jahrhundert hinein wirkten seine segensreichen pädagogischen Anregungen für eine "vernünftige", praxisbezogene Erziehung der Kinder und

Jugendlichen weiter, und die Einrichtungen menschenfreundlicher Schulen und Internate, deren Ziel es war: "Glückseligkeit" für den einzelnen Schüler, sowie dessen "Gemeinnützigkeit" anzustreben.

Vater der Erkenntnistheorie

Dem genialen Philosophen Immanuel Kant

zum 275. Geburtstag

"Kant hat zuerst und dies ist sein unsterblicher Verdienst in der Geistesgeschichte, die Voraussetzung aller Philosophie zu prüfen gewagt: Grenzen und Natur des menschlichen Denkens" (Eduard Engel). - In ihm "wurde die Aufklärung geheimnisvoll, und die Philosophie betrat den Weg der Wissenschaft" (Paul Fechter). - "Kantische Ideen wirkten auf allen Gebieten geistiger Tätigkeit bestimmend ein: von Schillers philosophischen Gedichten bis zu Carl von Clausewitz' grundlegendem Werk `Vom Kriege´" (Vogt/Koch). Diese drei Aussagen bedeutender Literaturwissenschaftler sind nur wenige von zahlreichen Würdigungen, die über den wohl bedeutendsten Philosophen des Abendlandes ausgesprochen wurden.
Vor 275 Jahren, am 22.April 1724 in Königsberg geboren, wuchs Immanuel als viertes Kind des Riemenmeisters Johann Georg Kant und dessen Ehefrau Anna Regina, geb. Reuter, neben 10 Geschwistern, nahe der "Grünen Brücke" in der Sattlergasse der alten ostpreußischen Hauptstadt auf. Im pietistischen Elternhaus war es die fromme,literarisch interessierte Mutter, die sich vorrangig um die Erziehung des Knaben kümmerte. Sie war es auch, der es gelang,den Leiter des "Collegium Fridericianum" Franz Albert Schultz dazu zu gewinnen, daß Immanuel - nachdem er 1730-1732 Schüler der Vorstädter Hospitalschule war - in das pietistische Collegium aufgenommen wurde. Diese Schule galt damals als "modern" und fortschrittlich. Ihr Streben war es, den Kindern nicht nur Wissen beizubringen,sondern sie auch zur Frömmigkeit und Höflichkeit zu erziehen. Kant äußerte sich stets in herzlicher Dankbarkeit über

seine Mutter: "Nie werde ich meiner Mutter vergessen, denn sie pflanzte und nährte zuerst den Keim des Guten in mir, sie öffnete mein Herz den Eindrücken der Natur, sie weckte und erweiterte meine Begriffe..."
Der Prediger und Theologieprofessor F.A.Schultz übte für die weitere Entwicklung Immanuel Kants wesentlichen Einfluß aus. Vor allem begeisterte sich der Schüler für die lateinische Sprache und die antiken Autoren, Dank des klassischen Philologen Heydenreich. Kant wollte Altphilologe werden und nannte sich "Kantius". Hingegen löste der religiöse Zwang in ihm Abneigung gegen den Pietismus hervor. Später äußerte er sich über das "Übermaß religiöser Andacht" und die von den Schülern "widerwillig ertragene Heuchelei" negativ, ja er erinnerte sich mit "Schrecken und Bangigkeit" an diese "Jugendsklaverei".
Dennoch war Immanuel Kant schon in der Quinta Primus und behauptete diesen Rang durch sämtliche Schuljahre,bis er 1740 nach einer Aufnahmeprüfung an der Universität Königsberg sein Studium der Philosophie, Mathematik und Naturwissenschaft beginnen durfte. Endlich konnte er nun in diese ihm bislang verschlossenen Wissensbereiche eindringen. Neben F.A.Schultz, der als Professor der Universität theologische Vorlesungen hielt, die Kant regelmäßig besuchte, trat nun als neuer geistiger Führer der a.o.Professor für Logik und Metaphysik Martin Knutzen. Mit diesem Lehrer verband ihn bald eine herzliche Freundschaft; auch durfte er dessen Bibliothek frei nach Belieben benutzen. Kant wohnte mit seinem Freund Wlömer gemeinsam in einer "Bude" und verdiente sich durch Privatunterricht seinen Lebensunterhalt. Als einziges Vergnügen gönnte sich der Student "Billard spielen" mit Kommilitonen. Er entschloß sich, die Laufbahn eines wissenschaftlichen Lehrers zu beschreiten.
Nachdem er bereits mit 14 Jahren seine Mutter an den Tod verloren hatte, starb 1746 sein Vater.

Injenem Jahr verfaßte Immanuel Kant seine 1.Abhandlung über die "Gedanken von der wahren Schätzung der lebendigen Kräfte". In dieser Philosophiegeschichte bewies der junge Wissenschaftler bereits seine innere Freiheit des Denkens. Er hatte keine Scheu gegenüber den großen philosophischen Persönlichkeiten eine eigene Ansicht zu vertreten. Es lag ihm fern, sich dem "Troß der Nachbeter" anzuschließen, und er mied den "Herdentrieb der Menge". Lessing äußerte sich damals über Kants Abhandlung in einem Vierzeiler:

"Kant übernimmt ein schwer Geschäfte
der Welt zum Unterricht,
er schätzet die lebend'gen Kräfte,
nur seine schätzt er nicht".

In den folgenden Jahren begegnen wir Immanuel Kant als Erzieher der Kinder verschiedener Familien in der Königsberger Region. Zunächst unterrichtete er die drei Söhne des reformierten Geistlichen Daniel Andersch in Judtschen (zwischen Gumbinnen und Insterburg), war dann ab 1751 als Hofmeister bei einer Familie von Hülsen auf Gut Arensdorf bei Saalfeld und Mohrungen. Zuletzt weilte er als Hauslehrer beim Grafen Keyserling in der Tilsiter Niederung auf Schloß Rautenburg, bzw. auf Capustigall bei Waldburg. Seine Gemahlin Karoline Charlotte Amalie Reichsgräfin von Truchseß zu Waldburg,war eine gebildete und talentierte Frau. Sie zeichnete Kant und führte ihn in die Welt der "feineren Lebensart"ein. Immanuel Kant erinnerte sich später selbstkritisch an jene Epoche: Er sei "als Pädagoge nicht sehr glücklich gewesen" und es habe "wohl kaum jemals einen schlechteren Hofmeister mit besseren Grundsätzen gegeben". Aber die dankbaren und lobenden Worte jener Familien, die ihm ihre Kinder anvertraut hatten, stellten ihm ein positives Zeugnis für seine Lehrtätigkeit aus.
Am 12.Juni 1755 promovierte Immanuel Kant in Königsberg mit seiner Dissertation "Meditationum quarundam desiqne

succincta delineatio" (über das Feuer). Sein ehemaliger Lehrer Professor Teske bekannte als Gutachter in seinem Lob, daß er in dieser Abhandlung selbst "reiche Belehrung geschöpft" habe. Mit einer weiteren Schrift: "Principiorum primorum cognitionis metaphysicae nova dilucidatio" (Die Grundprinzipien der metaphysischen Erkenntnis),die er am 27.September öffentlich verteidigte, kam er seinem Ziel: Vorlesungen zu halten, einen Schritt näher. Doch erst seine 3.Abhandlung "Monadologia physica" (über die physische Monadologie [die Monade - nach Leibniz die letzte in sich geschlossene, vollendete Ureinheit] erbrachte ihm im April 1756 die Voraussetzung für eine Professur.
Immanuel Kant hielt nun als Privat-Dozent für Philosophie der Universität Königsberg Vorlesungen über verschiedenartigste Themen, vor allem aus den Bereichen Mathematik, Physik, Logik und Metaphysik. Seine Vorlesungen zogen viele Hörer an, insbesondere wenn er seine Gedanken aus der Anthropologie und physischen Geographie kundgab. Eine seltene Gabe zeichnete Kants Lehrstunden aus: Er verstand es meisterhaft Städte, Landschaften, Dinge usw. bildhaft lebendig darzustellen, die er meist nur aus Reisebüchern etc. kannte. Dabei leistete ihm eine ungewöhnliche Vorstellungskraft beste Dienste.Das Geheimnis seines Erfolges bei den Studenten bestand darin: keinen trockenen Stoff zu verbreiten, sondern "zu philosophieren und zu dieser Tätigkeit eine Anleitung zu geben". Dies bestätigten ihm auch seine Biographen: Obgleich Immanuel Kant Ostpreußen nie verließ, "hat er von seiner entlegenen Wohnstätte die Gedankenwelt so tief umgewälzt, wie seit Luther kein zweiter Deutscher, ja kein anderer Denker Europas" (E.Engel).
Immanuel Kant wohnte damals "auf der Neustadt", im Hause des Professors Kypke. Er begann seine Vorlesungen an vier Wochentagen bereits ab 7ooUhr, an den beiden anderen ab 8ooUhr, in einem "geräumigen Hörsaal, der samt dem

Vorhause und der Treppe mit einer beinahe unglaublichen Menge von Studierenden angefüllt war... Sein Vortrag war... nicht allein gründlich, sondern auch freimütig und angenehm" (Ludwig Ernst von Borowsky, Kantschüler). 1762-1764 zählte auch Johann Gottfried Herder zu Kants Hörern, und manch gebildeter Königsberger erwarb Abschriften von seinen Manuskripten. Herder sagte einmal: "Ich habe das Glück genossen einen Philosophen zu kennen, der mein Lehrer war... Keine Kabale, keine Sekte, kein Vorurteil, kein Namensehrgeiz hatte je für ihn den mindesten Reiz gegen die Erweiterung und Aufhellung der Wahrheit. Er munterte auf und zwang angenehm zum Selbstdenken..." 1763 gewann Immanuel Kant auf eine Preisfrage der Preußischen Akademie der Wissenschaften mit einer "Untersuchung über die Deutlichkeit der Grundsätze der natürlichen Theologie und der Moral", den 2.Preis. Ein Jahr später hatte er den Mut, die ihm angebotene Professur für Dichtkunst abzulehnen, da er sich nicht als geeigneten Kandidaten empfand. Und der im königlichen Erlaß lobte, "geschickte und durch seine Schriften berühmt gemachte Magister Kant" gab sich mit einer Amtsstellung als Unterbibliothekar an der Königlichen Schloßbibliothek in Königsberg und einem bescheidenen Einkommen vorerst zufrieden.

In einem seiner Gespräche mit Eckermann sagte Goethe: "Kant ist der vorzüglichste (Philosoph), ohne Zweifel. Er ist auch derjenige, dessen Lehre sich fortwirkend erwiesen hat und die in unsere deutsche Kultur am tiefsten eingedrungen ist." Doch Immanuel Kant war nicht nur ein großer Philosoph, sondern auch ein weiser Mann. So lehnte er 1769 die Berufungen aus Erlangen und Jena zum Ordentlichen Professor ab, da ihm bewußt war, daß ihm in seiner Vaterstadt bald eine Professur angeboten würde.Und bereits 1770 ernannte die Königsberger Universität den Magister Kant zum Ordentlichen Professor für Metaphysik und Logik. Mit der Schrift "De mundi sensibilis atque intelligibilis formaet principiis" (über Form und Prinzipien der sinnlichen und intelligiblen [nur durch den Intellekt wahrnehmbar] Welt). Responsent [verantwortlicher Leiter] des öffentlichen Wortwechsels war Markus Hertz, Gatte der berühmten literarischen Salon-Dame Henriette Hertz. Aufgrund seiner vielen neuen Aufgaben gab Kant 1772 seine Stelle in der Schloßbibliothek auf. Da es in der Königsberger philosophischen Fakultät üblich war, daß die ersten vier Mitglieder im akademischen Senat vertreten waren, trat Kant 1780 in diesen Senat der Universität ein.

Immanuel Kant befand sich schon im fortgeschrittenen 6.Lebensjahrzehnt, als er mit dem ersten seiner bedeutendsten Werke an die Öffentlichkeit trat, seiner "Kritik der reinen Vernunft". Der Philosoph hat darin "die Grenzen der Verstandestätigkeit erwiesen und so die Überschätzung der ratio, die einseitige Aufklärung, überwunden" (Georg Ried) und er gelangt zu den "höchsten Ideen auf dem Gebiet der Sittlichkeit, durch den praktischen Gebrauch der reinen Vernunft in Auffindung der ihr erfahrungsgemäß zugänglichen Sittengesetze und der Folgerungen daraus" (Ludwig Bechstein). Sein Werk widmete Kant dankbar seinem Gönner, "Sr.Exellenz, dem königlichen Staatsminister Freiherr von Zedlitz".

Im Jahre 1783, als Kant seine "Prolegomena zu einer jeden künftigen Metaphysik, die als Wissenschaft wird auftreten können", vorlegte, erwarb er endlich ein eigenes Haus mit Hörsaal in Schloßnähe, nachdem er des häufigen Wohnungswechsels - oft wegen störenden Lärms - überdrüssig geworden war. Eine Köchin und ein Butler waren ihm zu Diensten. Der 1785 erschienenen "Grundlegung zur Metaphysik der Sitten" folgten 1786 die "Metaphysische(n) Anfangsgründe der Naturwissenschaft". In jenem Jahr wurde Immanuel Kant zum Rektor der Universität Königsberg gewählt, 1788 zum zweiten Male. Dem neugekrönten preußischen König Friedrich Wilhelm II. brachte er die Huldigung der Universität Albertina dar. Der Monarch ehrte den Philosophen durch eine Auszeichnung. Sein Jahresgehalt erhöhte sich auf die stattliche Summe von 620 Taler.

Leider trübte sich das Verhältnis zu Herder, nach dem Kant dessen Hauptwerk "Ideen zur Philosophie der Geschichte der Menschheit", nicht zu Herders Zufriedenheit rezensiert hatte.
Immanuel Kant gliederte sein Leben lang jeden Tag nach einem bestimmten Rhythmus: Punkt 5ooUhr weckte ihn sein Diener mit den Worten: "Es ist Zeit!" Zwischen 7-9ooUhr übte er sein Lehramt aus. Anschließend arbeitete er an seinen schriftlichen Werken. Der Mittagstisch war gegen 13ooUhr gedeckt. Gern speiste er mit Gästen. Sie unterhielten sich bis 16/17ooUhr über Themen aus der Politik, Wirtschaft und Wissenschaft, auch über Königsberger Neuigkeiten. Hingegen war die Philosophie tabu. Danach las oder meditierte Kant, ging ab 19ooUhr spazieren und widmete sich erneut der Lektüre, bis er sich um 22ooUhr zur Nachtruhe legte.
1788 wurde Immanuel Kant durch seine "Kritik der praktischen Vernunft" zum "Begründer einer neuen sittlichen Weltanschauung, der Philosophie der Pflicht" (E.Engel). Er hatte "dem Gefühlsüberschwang ein Ziel gesetzt, in dem er Unterordnung von Neigung und Gefühl unter die strenge Norm des Kategorischen Imperativs (= unbedingtes ethisches Gesetz) forderte" (Georg Ried). Darum, so erklärte er später allgemeinverständlich seinen Imperativ der Sittlichkeit: "Handle nur nach derjenigen Maxime, durch die du zugleich wollen kannst, daß sie ein allgemeines Gesetz werde". Kant hatte erkannt, daß erst darin die innere Freiheit des Menschen beruhe.
1790 beschloß Immanuel Kant die Trilogie seiner großen philosophischen Kritiken mit der "Kritik der Urteilskraft". Hierin untersuchte Kant "die Folgerungen aus der Einführung der Begriffe `Zweck´ bzw. `Zweckmäßigkeit´ - zum Beispiel in der Kunst und in der organischen Natur -in die theoretische Philosophie" (Mayers GTL). Als Senior der gesamten Akademie äußerte er sich über "Die Religion innerhalb der Grenzen der bloßen Vernunft" (1793).

Nach einem Konflikt mit der preußischen Zensurbehörde, aber auch aus Altersgründen, schränkte der 70jährige Philosoph nach und nach seine Vorlesungen ein, bis er 1797 seine akademische Lehrtätigkeit endgültig aufgab, immerhin mit der Erkenntnis, daß seiner Philosophie die Anerkennung sicher war. Seinen Werken fügte er noch "Die Metaphysik der Sitten" und "Anthropologie in pragmatischer Hinsicht abgefaßt", hinzu. Das Manuskript "Übergang von der Metaphysik der Natur zur Physik" blieb Fragment.

1798 nahm Kant letztmalig eine Einladung in der Öffentlichkeit an, dann lebte er zurückgezogen in seinem Haus und verkehrte nur noch mit guten Freunden an seiner Mittagstafel. Als zwei Jahre später seine körperlichen Kräfte nachließen, betreute ihn sein ehemaliger Schüler E.A.Ch. Wasianski. Auch Frau Theurin, Kants jüngste Schwester, kümmerte sich um ihn. Einige Getreue Kants begannen seine Vorlesungen und unveröffentlichten Texte herauszugeben.

Im Oktober 1803 erkrankte Kant ernsthaft. Sein linkes Auge erblindete, auch erkannte er manch langjährigen Weggefährten nicht mehr. Als am 12.Februar 1804 sein Herz aufhörte zu schlagen, bemerkte Wasianski: es war "ein Aufhören des Lebens und nicht ein gewaltsamer Akt der Natur". Am 28.Februar fand das Begräbnis statt: "ein Ereignis, das die ganze Stadt in Aufregung und Anteilnahme versetzte". Der Trauerzug zog "unter Geläut aller Glocken der Stadt zur Universitäts- und Domkirche". Im "Professorengewölbe", an der Nordseite des Königsberger Domes wurde Immanuel Kant zur letzten Ruhe gebettet.

Beschließen wir diese Würdigung mit den trefflichen Sätzen, die Wilhelm von Humboldt u.a. 1830 über Immanuel Kant kundgab: "Kant unternahm und vollbrachte das größte Werk, das vielleicht je die philosophierende Vernunft einem einzelnen Manne zu danken gehabt hat. Er prüfte und sichtete das ganze philosophische Verfahren auf einem Wege, auf dem er notwendig den Philosophen aller Zeiten und aller Nationen begegnen mußte... Er führte im wahrsten

Sinne des Worts die Philosophie in die Tiefen des menschlichen Busers zurück. Alles, was den großen Denker bezeichnet, besaß er in vollendetem Maße... Tiefe und Schärfe, eine vielleicht nie übertroffene Dialektik... auch die Wahrheit zu fassen, die auf diesem Weg nicht erreichbar ist..."

Vorbote und Wegbereiter der Klassiker

Friedrich Gottlieb Klopstock zum 275. Geburtstag

Mit Friedrich Gottlieb Klopstock begann für die deutsche Dichtung eine neue glorreiche Zeit. Er war der Vorbote und Wegbereiter für die Klassik - insbesondere für Goethe, Schiller und Hölderlin -, denn "er war der erste deutsche Dichter, der die Muttersprache mit Kraft und Schwung anwendete" (Hugo Weber), der "Schöpfer der Poesie des Herzens und der Empfindung" (Herder). Aber er war gleichzeitig ein Eckpfeiler zum Tor, durch das der geistige Sendungspfad zum Neuland einer großen Nationalliteratur führte und damit der deutschen Dichtung einen hervorragenden Platz in der Weltliteratur sicherte. Klopstock war durchglüht von der Liebe zum Vaterland, und er "war stolz darauf, ein Deutscher zu sein" (Hugo Weber).
Friedrich Gottlieb war das älteste von 17 Kindern des pietistischen fürstlichmannsfeldischen Kommissionsrats Gottlieb Heinrich Klopstock und dessen "treuer, trefflichen Hausfrau". Das hübsche mit Erker und Giebeln verzierte alte Fachwerkhaus nahe des Quedlinburger Domes, wo der "dichterische Genius zwischen Barock und Klassik" vor 275 Jahren, am 2.Juli 1724, geboren wurde, steht heute noch.
Leider war der Übernahme des Pachtgutes im "Amt Friedeburg" 1732 kein Erfolg beschieden. Vater Klopstock mußte schon vier Jahre später für sein Wirtschaftsunternehmen Konkurs anmelden. Die Lawine der Schuldenprozesse nach der Rückkehr nach Quedlinburg bedeutete sozialer Abstieg. So war es für Friedrich Gottlieb günstig, daß er 1739 in die berühmte Fürstenschule zu Schul-Pforta an der Saale aufgenommen wurde. Goethe gedachte später "an dem stillbegrenzten Orte" an die Erziehung des Jünglings:

"Ehre, Deutscher, treu und innig
des Erinnerns werten Schatz!
Denn der Knabe spielte sinnig,
Klopstock einst auf diesem Platz."

In Schul-Pforta "loderte das Feuer" in dem Zögling, nach dem er Johann Jakob Bodmers Übersetzungen der Werke des englischen Dichters John Milton gelesen hatte, welches "Homer in ihm entzündet hatte, zur Flamme auf" (Vogt/ Koch).

Als Friedrich Gottlieb Klopstock 1745 Schul-Pforta nach seiner lateinischen Abschiedsrede über die epischen Dichter verließ, waren Seele und Geist erfüllt von edlen Dichterträumen. Wenig später ließ er sich an der Universität Jena in der theologischen Fakultät einschreiben. Bereits hier in der traditionsreichen Studentenstadt begann er - zunächst in Prosa - mit der Niederschrift der ersten Gesänge seines weltberühmten Werkes "Der Messias", das ihm unsterblichen Ruhm einbrachte. 1746 setzte Klopstock sein Studium an der Universität Leipzig fort. Aus jener Epoche stammt "Der Lehrling der Griechen",seine älteste uns erhalten gebliebene Ode. Klopstock gehörte damals zum Literaturkreis "Bremer Beiträger", die dem Dichter Gottsched kritisch gegenüberstanden. In ihren "Neuen Beyträgen zum Vergnügen des Verstandes und des Witzes" wurden die ersten drei Gesänge des "Messias"erstmals publiziert, denn sie kündigten "einen großen Dichter" an, "von deutschem Sinne und christlichem Geiste"(Hugo Weber).

Als Hofmeister in Langensalza (1748-1750) begegnete Friedrich Gottlob Klopstock seiner Cousine Maria Sophia Schmidt. Doch seine leidenschaftliche Liebe zu "Fanny", für die er seine frühen Oden dichtete, blieb unerwidert."An Fanny:

Dann wird ein Tag sein, den werd' ich auferstehn!
Dann wird ein Tag sein,den wirst du auferstehn!
Die du einander, Natur, bestimmest."

Im Juli 1750 folgte Klopstock einer Einladung Bodmers nach Zürich. In dessen Haus sollte er den "Messias" vollenden können. Doch es kam bald zum Zerwürfnis mit dem aus der Vätergeneration stammenden Literaturkritiker,weil er von dem jungen lebensfrohen Mann, der übrigens auch ein guter Sportler im Reiten, Eislaufen und Wandern war, enttäuscht war: "Sein Wandel steht mit der Messiade ziemlich im Widerspruch; er ist nicht heilig". Doch Fortuna bot Klopstock das Füllhorn. Erfreut und dankbar nahm er das Angebot: als Legationsrat nach Kopenhagen zu kommen, des Dänenkönigs Friedrich V., an. Ein Ehrengehalt sicherte ihm sorgenloses, freies Schaffen an seinem "Messias". Nach einem Aufenthalt im April in Hamburg, bei dem Klopstock auch seine künftige Gattin Meta Möller kennenlernte, wurde ihm vom Monarchen und bei Hofe ein freundlicher und großmütiger Empfang bereitet. Abgesehen von einigen Zwischenaufenthalten in Deutschland - u.a. auf Gut Haseldorf in den Elbmarschen oder als Bad Pyrmonter Kurgast - blieb Klopstock bis 1770 in Dänemark,jedoch stets darauf bedacht, daß er als bürgerlicher Dichter und nicht als "Hofpoet" im nordischen Land weilte. Anonym erschienen 1753 seine fürstenkritischen "Drei Gebete eines Freigeistes, eines Christen und eines guten Königs". Im Juni 1754 heiratete Friedrich Gottlieb seine Meta, "eine der liebenswürdigsten Frauengestalten unserer Literaturgeschichte" (Vogt/Koch).

Nachdem bereits 1751 der Hallenser Buchhändler Hemmerde begonnen hatte, erste Gesänge des "Messias" in seinem Verlag herauszugeben, erschien 1755 die von König Friedrich V. finanzierte Kopenhagener Quartausgabe. Anno 1757 lag nicht nur Teil 1 der Klopstockchen "Geistlichen Lieder" vor (Teil 2 1769), sondern es erschien auch sein erstes biblisches Drama "Der Tod Adams", in Paris mit großer Zustimmung aufgeführt. Die beiden Trauerspiele "Salomo" und "David" folgten 1764 und 1772. In Trauer und Schmerz über den frühzeitigen Verlust seiner Frau,gab

Klopstock 1759 die "Hinterlassenen Schriften von Margareta Klopstock" heraus.
Von 1758-1761 war Klopstock für den "Nordischen Aufseher" tätig und ersann Pläne für eine "Organisation der Gelehrten" in Deutschland. Er befaßte sich mit germanischen und keltischen Altertümern, mit alten Sprachdenkmälern sowie mit nationalhistorischen Fragen. Er korrespondierte mit dem Wiener Hof und bekundete seine kulturpolitischen Pläne im sogenannten "Wiener Plan" erstmals öffentlich.
1769 erschien Teil 1 seiner vaterländischen Trilogie: "Hermanns Schlacht" (Hermann der Cherusker), dem österreichischen Kaiser Joseph II. gewidmet. Erst 15 Jahre später folgte: "Hermann und die Fürsten", dem Markgrafen von Baden als Anerkennung der Aufhebung der Leibeigenschaft zugeeignet. "Hermanns Tod" bildete 1787 den Schluß der drei "Bardiete" genannten Stücke, nach "barditus", dem Schlachtgesang.
Als Klopstocks Freund und Mäzen, der dänische Außenminister Bernsdorff, gestürzt wurde, verließen beide Dänemark. Klopstock wohnte nun in der Königstraße 50 in Hamburg. Seinen Geburtstag feierte er gern auf G.H.Sievekings Landsitz Neumühlen an der Elbchaussee (heute Donners Park).
1771 legte der Dichter die erste verbürgte Sammlung seiner "Oden und Elegien" vor. Herder äußerte begeistert: "Sie haben die Sprache des Herzens, wie sie niemand in Deutschland hat". Zu Friedrich Gottlieb Klopstocks schönsten Oden gehören: "Die frühen Gräber" - "Das Wiedersehen" und "Der Zürichersee". "Durchgeistigte Vaterlandsliebe" (Georg Ried) erklingt aus "Mein Vaterland". Fünf Jahre nach Veröffentlichung des dritten"Messias"-Bandes erschien 1773 der letzte Teil des Werkes. Erstmals vollendete Klopstock damit ein umfangreiches Epos in deutscher Sprache im klassischen Versmaß. Humboldt rühmte die "neue Meisterung der Sprache, die den Hexameter zum deutschen Vers machte". Erst 1780 erschien die sogenannte "Altonaer

Ausgabe" des "Messias". Während die ersten Gesänge des jungen Poeten Ende der vierziger Jahre stürmische Begeisterung in Deutschland auslösten, ebbte später - als nach 20-25 Jahren die letzten Teile des Epos' publiziert wurden - die Wirkung dieses Meisterwerkes merklich ab.Die Empfindungen der Menschen waren eben mit der Zeit fortgeschritten.

Aufsehen erregte 1774 Klopstocks Prosaschrift "Die Gelehrtenrepublik". Des Dichters Idee: Eine Vereinigung aller deutschen Dichter und Gelehrten, sowie sein Plan: Die Gründung einer großen deutschen Akademie in Wien, blieben jedoch Visionen. Klopstock hatte selbst die Leitung der Poetenschar übernehmen wollen, während Lessing das deutsche Theater leiten sollte.

In jener Zeit lud Karl Friedrich Markgraf von Baden den Dichter des "Messias" in seine Residenz nach Karlsruhe ein und ernannte ihn zum Markgräflichen Hofrat.

Auf der Reise nach Süddeutschland ließ sich Friedrich Gottlieb Klopstock von den "Hainbündlern" um Hölty, Voß, Boie u.a. in Göttingen enthusiastisch feiern. Sie hatten ihn als poetischen Meister und als ihr lyrisches Vorbild auserkoren. (Siehe hierzu "Der Göttinger Hain".) In Frankfurt am Main kehrte er als Gast im Goethehaus ein und begegnete dem jungen Johann Wolfgang. Hatte schon Schiller die Musikalität in Klopstocks Oden bewundert, war Goethe von der lyrischen Kunst Klopstocks so beeindruckt, daß er nicht nur in seiner Lebenserzählung "Dichtung und Wahrheit" davon berichtet, wie er als junger Mensch mit Freuden Klopstocks Werke gelesen habe, sondern er läßt in seinem "Werther" den Jüngling und Lotte über die herrliche Ode "Frühlingsfeier" sprechen. Und in der Tat begründete Klopstock durch die "Freiheit vom Regelzwang in der Dichtung" und im Entsagen des Endreimes eine Kunstmöglichkeit, die sich bis in die moderne Lyrik der Gegenwart Gültigkeit bewahrte.

Da sich Klopstock in Karlsruhe als "selbstbewußten bürgerlichen Dichter" darstellte, waren ihm Neid und Verdruß in der höfischen Gesellschaft sicher. So verließ er im Frühjahr abschiedslos die badische Hauptstadt. Es wurde stiller um Klopstock. Immerhin veröffentlichte er Studien zur deutschen "Dichtkunst, Sprache und Rechtschreibung" und arbeitete an seiner "Hermann"-Trilogie. Von der Revolution in Frankreich 1788/89 erhoffte er sich für die Zukunft allgemeine bürgerliche Freiheit in Europa. Ernüchtert durch kleinbürgerlichen Terror und Mißbrauch der Revolutionsgedanken in den Folgejahren schwand jedoch seine Begeisterung und wich einer bis zum Lebensende fortwährenden Enttäuschung. Dennoch behielt er, trotz böser öffentlicher Kritik an ihm, sein Ehrenbürger-Diplom, das ihm die Französische Nationalversammlung verliehen hatte. Und letztendlich wurde Friedrich Gottlieb Klostock 1802 sogar zum auswärtigen Mitglied des französischen Nationalinstituts gewählt.

Mehr als drei Jahrzehnte nach Metas Tod ging der alternde Dichter eine zweite Ehe ein, mit Elisabeth von Winthem, einer Nichte seiner Frau. 1793 erschienen noch die "Grammatischen Gespräche". Klopstock weilte gern als Gast auf Gut Emkendorf bei Rendsburg, wo sich Literaten um Graf von Reventlow und seine Gattin Julia scharten.

Kurz bevor Friedrich Gottlieb Klopstock am 14.März 1803 in Hamburg die Augen für immer schloß, verabschiedete er sich von dieser Welt mit den Worten: "Wir sind alle in Gottes Hand gezeichnet". Die Grablegung erfolgte mit fürstlichen Ehren am 22.März zu Ottendorf auf dem Friedhof der Christianskirche neben der Ruhestätte seiner jungverstorbenen Gattin Meta, mit Singen seines Liedtextes "Auferstehn, ja auferstehn". Friedrich Rückert hat dem edlen Poeten mit dem dritten Teil seines Gedichtes "Die Gräber zu Ottensen" ein schönes lyrisches Denkmal gesetzt:

"...Wohl ist, als hier den Flügel
Die Freiheit wieder schwang,
O Klopstock, deinem Hügel
Enttönt ein Freudenklang..."

Erneuerer der Literatur und der Sprache

Brückenbauer vom Rokoko über Aufklärung und Klassik bis zur Romantik

Christoph Martin Wieland

Zum 275.Geburtstag und 195.Todestag

Goethe nannte Wieland "einen ganz unendlichen guten Menschen", und Charlotte von Schiller, die den Dichter und Philosoph wenige Tage vor seinem Tod besuchte, erzählte: "Er war so heiter, geistreich, liebenswürdig..." Auch wenn er zeitlebens neben etlichen Freunden auch so viele Gegner hatte, wie selten eine Persönlichkeit des Geisteslebens, gehörte Wieland unstreitig mit Goethe, Schiller und Herder zu den vier großen Dichtern und Denkern, die im letzten Drittel des 18. und dem ersten Drittel des 19.Jahrhunderts das Kulturleben in Weimar prägten und von dort aus die Welt des Geistes in Deutschland und Europas beflügelten und befruchteten.

"Wieland gehörte durch seine Sprachmeisterschaft zu den Klassikern der deutschen Literatur" (Eduard Engel). Er schuf eine "graziös-elegante bewegliche und melodische Verssprache", schenkte der deutschen Sprache "Anmut und Gefälligkeit" (Hugo Weber). So gewann er viele Leser, welche bisher die französische Sprache bevorzugt hatten. Somit gilt er als "einer der Befreier deutscher Literatur von der Oberherrschaft der französischen" (Engel). Neben Klopstock und Lessing zu den sogenannten Vorklassikern zählend, baute Wieland als führender deutscher Dichter des Rokoko, als "Sänger der Aufklärung", die geistige Brücke von Albrecht von Haller (1708-1777) über die Klassik zur Romantik. Er schrieb den ersten deutschen philosophisch-psychologischen Bildungsroman ("Agathon") sowie das erste deutsche Drama "Lady Johanna Grey" (in Blankversen). Wieland übersetzte auch als Erster Werke von Shakespeare und erwarb dafür literarischen Ruhm. Außerdem gründete er die erste bedeutende deutsche Literatur-Zeitschrift, den "Teutschen Merkur".

Christoph Martin Wieland wurde am 5.September 1733 in Oberholzheim (heute Achstetten) bei Biberach an der Riss, geboren. Doch wo der Pfarrersohn "den ersten Schmerz,die erste Lust empfand", das war die Kleinstadt Biberach,wo er ab 1736 in der Waaghausstraße 3 die Kindheit erlebte. Er wurde pietistisch erzogen, besuchte die Lateinschule und wurde vom Vater unterrichtet, las schon mit sieben Jahren Werke lateinischer Dichter. Beeindruckt von Barthold Heinrich Brockes (1680-1747) "irdisches Vergnügen in Gott", ermunterte ihn: selbst Verse zu schreiben.So entstand sein lateinisches "Carmen".

1747 kam Martin in das Herrnhuter Schulinternat Kloster Bergen bei Magdeburg, wo er von Abt Steinmetz betreut wurde. Er studierte moderne Philosophie und Französisch. Der Knabe begeisterte sich für Cicero und Xenophon, las aber auch "verbotene Bücher" wie Pierre Bayles (1647-1706) "Dictionnaire" oder Schriften Voltaires (1694-1778), schrieb gar einen materialistisch angehauchten Aufsatz und gelangte dadurch in Verruf ein Materialist und Gottesleugner zu sein.

Als Wieland erste Gesänge des "Messias" hörte, wurde Friedrich Gottlieb Klopstock (1724-1803) zu seinem Idol, und er versuchte den Meister der Dichtkunst nachzuahmen. 1749/50 unterrichtete ihn ein Onkel, der Naturforscher und Philosoph Baunier. Er führte ihn in die Wolffsche "Menschen und Welterkenntnis" ein und las mit ihm Miguel de Cervantes (1547-1616) "Don Quijote". Dem Jüngling war damals Lesen wichtiger als satt essen.

Zurückgekehrt ins Elternhaus, verliebte sich Martin in seine Cousine Marie Sophie Gutemann von Gutershofen, die drei Jahre ältere Tochter eines Arztes, und verlobte

sich mit ihr. Er schwärmte von Seelenliebe und "Liebesphilosophie". Doch die Verbindung hielt nur drei Jahre. Sophie heiratete auf väterlichem Druck den Hofrat von Lichtenfels, genannt Laroche, und wurde bekannt als erste Schriftstellerin der neuen deutschen Literatur. Immerhin blieb sie lebenslang Wieland freundschaftlich verbunden.
1750 zog Wieland nach Tübingen um Rechtswissenschaft zu studieren, doch widmete er sich immer stärker der Literatur und Dichtung. Zwar wohnte er im Hachmannium in der Pfleghofstraße, aber er dichtete lieber auf dem Österberg (Wielandshöhe) in einem Gartenhäuschen. Leider verfiel er damals in eine "unnatürliche religiöse Gefühlsschwärmerei". Immerhin entdeckte er seine Begabung zum "Dichter als Beruf". Es entstand sein erstes größeres Werk: "Die Natur der Dinge", dem naturphilosophischen Dichter A.von Haller nachempfunden. Professor Meier in Halle ließ es drucken. Nachdem Wieland dem Kritiker und Übersetzer Johann Jakob Bodmer (1698-1783) sein Epos "Hermann" und das epische Gedicht "Noah" gesandt hatte, lud ihn dieser in sein Züricher Haus ein, zumal er von Klopstock enttäuscht war und glaubte: in Wieland seinen "seraphischen Jüngling" gefunden zu haben.
So reiste Wieland in die Schweiz, ward Bodmers Gast. Er entwarf heilige Dichtungen, schrieb die "Briefe von Verstorbenen an die hinterlassenen Freunde! (in Nachahmung von Texten der englischen Dichterin Elisabeth Singer-Rowe) und "Der gepryfte Abraham". Wieland war damals überzeugt davon: Die Aufgabe der Dichtkunst bestehe nur darin, "die Sängerin Gottes, seiner Werke und der Tugend zu sein." Der Buchhändler und Kritiker Christoph Friedrich Nicolai (1733-1811) verspottete Wielands fromme Dichterei. Und selbst der im allgemeinen sachliche und tolerante Gotthold Ephraim Lessing (1729-1781) lehnte zornig Wielands "Empfindungen eines Christen" (1757) als "Ausschweifungen der Einbildungskraft" ab, zumal dieser auch noch den biederen Dichter Johann Peter Uz beleidigte. (Später

bedauerte Wieland seine Äußerungen ehrlich.) Unter Bodmers Einfluß geriet Wieland ins "Hypermoralische, Asketische und Eifernde" und übertrumpfte schließlich selbst seinen Lehrmeister. Bald trennten sich Bodmer und Wieland enttäuscht von einander. Der Schwabe kehrte der "Bodmerei" den Rücken und verdingte sich bei Amtmann von Grebel als Hauslehrer. Er erkannte die vergangene Zeit als "wichtige Lehrjahre" um zu reifen, denn "alle Quellen der Kunst" drohten zu versiegen. Er erklärte: Nur "Cyrus", sein Heldengedicht, entspreche noch seinen Ideen von der schönen Schreibart. Einsicht und innere Einkehr!

1759 ging Christoph Martin Wieland nach Bern zum Landvogt Sinner, trieb freie philosophische Studien. Hier lernte er eine Freundin des Philosophen Jean-Jacques Rousseau (1712-1778) kennen: Julie Bondeli, eine geistreiche, hochgebildete Schweizerin. Zunächst nennt Wieland sie "ein schreckliches Mädchen. Sie redet mir in einem Zuge von Platon und Plinius, Cireo und Leibniz... Nichts in der ganzen Natur ist der äußersten Schnelligkeit ihrer Zunge zu vergleichen... Es gibt kein Mädchen im Oberlande, das ich dieser gelehrten Bondeli nicht vorziehen würde!" Im Alter schwärmte er jedoch von ihr. Er nannte die Bondeli: "den schönsten, hellsten, ausgebildetsten... vollkommendsten Geist."

Als Wielands Drama "Lady Johanna Gray" erschien, erkannte Lessing die große Begabung des Dichters, wurde ihm ein gerechter Kritiker und guter Freund. - Frauen waren Wieland sein gesamtes Leben lang wichtig, doch das Glück schien ihm nicht hold zu sein. So hielt auch die Verlobung mit Julie Bondeli nur wenige Jahre. Zunächst hatte Wieland sich um ein festes Einkommen bemüht, um die Bernerin heiraten zu können. Er wollte einen Verlag gründen, Buchhändler werden.

Da erreichte ihn eine Nachricht aus der Heimat: Die Ernennung zum Senator am 30.April 1760. Im Juli wurde er Kanzleidirektor (mit Amtswohnung und Gehalt). Doch hintertrieben katholische Bürokraten die Anstellung des Protestanten. So wurde Wieland zunächst Stadtschreiber. In der Stadtverwaltung mißfiel ihm das Abderidenverhalten, (einfältig), die Philisterei und der Fanatismus. Hinzu plagten ihn finanzielle und persönliche Schwierigkeiten. Doch lernte er viel in den vier Jahren, erkannte, was das "wirkliche Leben" bedeutet. Er entwickelte sich zum Geistesstreiter und fand hier die Grundlagen für sein späteres Meisterwerk "Die Abderiden". Da an Heiraten vorerst nicht zu denken war, trennte er sich von Julie Bondeli und begann ein Verhältnis mit Christine Hagel, einem armen katholischen schwäbischen Mädchens. Doch Konventionsstreit zwischen den Familien gewährte dem Paar keine Zukunft. Durch Fürsprache der Eltern und Freunde heiratete Wieland am 21.Oktober 1765 die Ausgburger Kaufmannstochter Dorothea Hillenbrand (1746-1801). Er nannte sie "ein gutes, gefälliges angenehmes Hausweibchen, ungekünstelt, unschuldig. Sie ist gewählet für mein Herz und meinen Wünschen gleich", schrieb er an Salomon Geßner (1730-1788) in Zürich, dem Autor antiker Schäferstücke. Es wurde eine 36jährige Ehe in "Seelenharmonie" und vielen Kindern und endete erst mit Dorotheas Tod.

Wieland wohnte zwar zwischen 1760-69 in Biberach (heute Hindenburgstraße 3), doch weilte er nachmittags gern im "einsamen Gartenhaus, ganz allein mit den Musen, Faunen und Grasnymphen" in der Staudengasse 10/1. Hier arbeitete er an seinen Shakespeare-Übertragungen, schrieb Erzählungen in Prosa und Versform.

Eine zeitlang leitete Wieland das "Evangelische Handwerker Theater" der Komödianten-Gesellschaft. Im Museum Schloß Warthausen befindet sich eine Erinnerungsssstätte an Wieland. Das Schloß (nördlich von Biberach) gehörte damals dem Reichsgrafen Friedrich von Stadion (1681-1768), einem ehemaligen Minister des Mainzer Kurfürsten, welcher auf seinem Alterssitz Warthausen wie in einem Hofstaat residierte. Wieland war dort ein gern gesehener Gast und fühlte sich wohl und geehrt wie in einem Orden. Zum Freundeskreis des Grafen gehörte vor allem auch dessen unehelicher Sohn und Sekretär Frank von Laroche und seine Ehefrau Sophie. Die Aufnahme in den Kreis der Aristokratie bedeutete persönlich wie gesellschaftlich viel für die Zukunft. Sein Wesen wurde gefestigt. Er wandelte sich durch die Freundschaft mit dem Grafen, durch Studien der englischen und französischen Literatur, vom ehemaligen asketischen Bewunderer Klopstocks zum Sänger irdischer Sinnenfreuden des Lebens im Zeitalter der Aufklärung, "bleibt aber immer unverwechselbar er selbst!" (Georg Ried).

Eingeladen wurde Christoph Martin Wieland nun auch in den Kulturkreis um Joahnn Heinrich Merck, Kriegsrat und trefflicher Kritiker in Darmstadt, an den Musenhof der Groschlags im Lustschloß Stockau bei Dieburg und den Musenhof Karl Friedrich Markgraf von Baden zu Karlsruhe. Auch führten Sophie von Laroche und Georg Michael ab 1771 in Thal-Ehrenbreitstein, "ein großes Haus" in der Hofstraße 262.

In den 60er Jahren entstanden vor allem sinnliche Versgeschichten wie "Diana und Endymion" - "Das Urteil des Paris" - "Idris und Zenide". Mit ihnen bemühte sich Wieland seine schwärmerische unrealistische Frömmigkeit in den frühen Werken zu überwinden. Bodmer nannte ihn deshalb einen "gefallenen Engel", und ehemalige Schweizer Freunde verleumdeten und diffamierten ihn: Er sei als Mensch "völlig im Gemeinen untergegangen" und schreibe "epikureische Schweinheit". Trotzdem waren damals bei den Lesern diese kleinen Meisterwerke sehr beliebt.

In jener Zeit begann Wieland seine "Geschichte des Agathon" (1761), ein Vorläufer des Goetheschen "Wilhelm Meister". Über dreißig Jahre lang bearbeitete und veränderte er dieses Werk, bis zur "Ausgabe letzter Hand"(1794). Es gilt als erster großer Bildungs- und Erziehungsroman der deutschen Literatur. Haller bezeichnete ihn als den

"witzigsten Roman, den die Deutschen aufweisen können" und Lessing rühmte ihn "als den ersten und einzigen Roman für den denkenden Kopf von klassischem Geschmack." Wieland schrieb an den befreundeten Arzt Johann Georg Zimmermann in Brugg: "Ich schildere darin mich selber, wie ich in den Umständen Agathons gewesen zu sein mir einbilde!"
Mit diesem ersten bedeutenden deutschen Roman seit Grimmelshausen (ca 1610-1676) "Abenteuerlichem Simplizissimus" (1628) wurde Wieland "recht eigentlich als Dichter der Aufklärung" anerkannt. Er gewann mit diesem Werk endgültig nach seiner jugendlichen "schwärmerischen Frömmelei" über die "Verherrlichung irdischer Genüsse" zu "Maß und Besonnenheit". Auch in seinem Roman "Der Sieg der Natur über die Schwärmerei" (1764) entfernte sich Wieland von seiner übersteigerten Jugendempfindlichkeit und verspottete sich selbst.
Mit seinem Langgedicht "Musarion" - Wielands "liebstes Kind" - festigte sich die Auffassung der Geisteselite:Der Dichter nahm eine führende Stellung in der deutschen Literatur ein. Dieser "Klang der Verse - so hatte bis dahin kein Deutscher in Versen erzählen können." Goethe war begeistert: "Hier war es, wo ich die Antike lebendig und wieder neu zu sehen glaubte."

"Der Weise sieht und liebt im Schönen der Natur
Vom Unvergänglichen die abgedrückte Spur.
Der Seele Fittich wächst in diesen geist'gen Strahlen,
Die, aus dem Ursprungsquell des Lichts
Ergossen, die Natur bis an den Rand des Nichts
Mit fern nachahmenden nicht eignen Farben malen..."

Durch diese "Perle" der Dichtkunst berief der Mainzer Kurfürst Christoph Martin Wieland als Professor der Philophie an die Universität zu Erfurt und verlieh ihm den Titel "Regierungsrat". Als er am 1.Juli 1769 sein Amt antrat, mußte er sich mit einer stillen Opposition der Fachkollegen auseinandersetzen. Literarisch suchte er

Beziehung zu Johann Wilhelm Gleim (1719-1803) und Johann Georg Jacobi (1740-1814), Lyriker, vom Halberstädter Kreis.
Sein 1772 veröffentlichter Erziehungs- und Staatsroman "Der goldene Spiegel" - eine philosophisch-didaktische Anschauung über die Erziehung von Prinzen - sowie auch der "Agathon", veranlaßte Anna-Amalia Herzogin von Sachsen-Weimar (1739-1807) Wieland zur Erziehung ihrer Söhne Carl August und Konstantin als "Prinzenerzieher" und Hofrat nach Weimar zu berufen. Als Erster der großen vier Weimarer zog Christoph Martin Wieland im September 1772 in der kleinen Residenzstadt ein. Bald verband eine herzliche Freundschaft die Herzogin mit ihrem gebildeten Gesellschafter. Er wurde zum "philosophischen und dichterischen Hausorakel". Wieland war im Zenit seines Lebens angekommen. Der Hof gewährte ihm 1000 Taler jährlich und später: Pension auf Lebenszeit. Die Herzogin hatte, Dank ihrer Menschenkenntnis, mit Wieland eine gute Wahl getroffen, "weil er neben dem Dichtergenie das gediegene Wissen eines Professors wirklich besaß... weil er ein feiner Weltkenner, ein Diplomat, ein Mann geworden war."
In jener Zeit begann in Weimar eine neue Epoche der Literatur und Kultur der Deutschen, ja der Menschheit allgemein. Von Wieland wurden neben gehobener Unterhaltung, Fest- und Singspiele erwartet, Operntexte; auch sollten am hiesigen Theater Stücke von ihm aufgeführt werden. Schon wenig später wurde sein Singspiel "Alceste" dargeboten.Der Dichter versuchte mit dem Musiker Anton Schweizer das Spiel "zur tragischen Würde zu erhöhen". Waren seinen Gegnern etliche Werke zu frivol vorgekommen - Die "Hainbündler" in Göttingen hatten sogar Wielands "Komische Erzählungen" verbrannt(!) - beklagten nun Andere, die ihn schätzten: Er "versüßliche" die Antike. Goethe gar spottete in einer kleinen Schrift über "Götter, Helden und Wieland". Dies tat ihm später leid und er bedauerte

seinen "Jugendstreich". Und da Wieland damals gar Verständnis für die andere Empfindung einer neuen Dichtergeneration gezeigt hatte, lobte der Olympier den älteren Freund wegen dessen geistreicher Reaktion: Wieland hatte sich über Goethes "Götz" und "Werther" sehr positiv geäußert.

Wieland und Goethe achteten, ja verehrten einander. Es gab gute Beziehungen zu Herder und Schiller, auch die Korrespondenz mit Lessing war freundschaftlich. Aber Wieland war der Einzige, der Heinrich von Kleists (1777-1811) Genie erkannte.

Als 4ojähriger erfüllte sich Wieland seinen Jugendwunsch: Er gründete die erste bedeutende literarische Zeitschrift: "Der Teutsche Merkur". Vorbild war der französische "Mercure de France". Bis 1795 war Wieland selbst Verleger und Redakteuer und bemühte sich redlich, daß die Publikation inhaltlich "eine der wertvollsten und bekanntesten journalistischen Unternehmen des ganzen Jahrhunderts" wurde. Er veröffentlichte darin auch eigene neue Werke, u.a. "Die Abderiten" (1774), ein satirisch-humoristischer Staatsroman. Mit dem Untertitel "Eine sehr wahrscheinliche Geschichte", spielte Wieland auf die Lokalpossen im schwäbischen Biberach an. Besonders köstlich darin ist der Streit um den Schatten des Esels. Wem gehört er? "Nirgendwo findet man eingeschränktere Seelen, kältere Herzen - als in kleinen Republiken." In der "Weltliteratur" (Wieland prägte um 1790 als Erster diesen Begriff) wurden die "Abderiden" als "eine der besten humoristisch-satirischen Dichtungen aller Zeiten" bezeichnet. Dieses Werk "gehört zum geistigen Arsenal der besseren Menschheit." - 1778 wurde Wielands neues Singspiel "Rosamunde" in Mannheim uraufgeführt.

Am 3.September 1775 übernahm Erbprinz Carl August von Sachsen-Weimar die Regierung. Wieland behielt lebenslang sein Gehalt, mußte sich nur verpflichten: als Poet dem Hof weiterhin anzugehören. Der neue Herzog berief Goethe in seine Residenz. Wieland freute sich aufrichtig über Goethes Ankunft in Weimar. Er bekannte: "Göthe... ist das größte Genie und der beste, liebenswerteste Mensch, den ich kenne." In einem Brief vom 10.November 1775 an Jacobi schwärmt er regelrecht: "Seit dem heutigen Morgen ist meine Seele so voll von Göthe, wie ein Tautropfen von der Morgensonne." Und im Januar schrieb er an Sophie von Laroche: "Göthe war so gut, so lieb..., daß wir alle wie die Närrchen in ihn verliebt sind..."

1775 begann Christoph Martin Wieland seine Reihe "Poetische Erzählungen". Sie seien als "freie Sonntagskinder,als Kinder der Liebe" entstanden. "Das Winter-" und "Das Sommermärchen" gehören dazu, wie auch "Sixt und Klärchen" und "Geron der Adlige" oder der köstliche Scherz: "Hann und Gulpenheh". Die Vorbilder stammen aus König Artus' Sagenkreis, aus 100und einer Nacht, sowie aus französischen oder türkischen Quellen. Den Abschluß bildete 1795 die "Wasserkufe". Zu Nacherzählungen äußerte sich Wieland einst: "Jeder wahre Künstler ahmt, in gewissem Sinne, seine Vorgänger nach". Als Beispiele nannte er Goethes "Faust" (nach einem alten Volksbuch) oder bezeichnete Vergil als einen großen Dichter, auch wenn er Stoff von Homer übernahm.

Angeregt durch die "Bibliothèque universelle des Romans", schrieb Wieland zwischen 1778 und 1780 seine volkstümlichste Dichtung, das romantische Epos "Oberon", später von Carl Maria von Weber (1786-1826) als Oper vertont und wurde damit der erste Romantiker. Es ist Wielands berühmtestes Werk und "eines der wundersamsten deutschen Epen aller Zeiten". Wieland hat die Stanze - im Unterschied zur romanischen Form - mit feinsinniger Empfindung für das deutsche Versmaß, umgestaltet. Goethe sandt dem Meister des "Oberon" einen Lorbeerkranz mit den Worten: Beim Lesen "hätt ich oft gewünscht, Dir meinen Beifall und Vergnügen recht lebhaft zu bezeugen." Und an Johann Kaspar Lavater (1741-1801), geistlicher Dichter, schrieb er: "Oberon wird, solange Poesie Poesie, Gold Gold und Kristall Kristall bleiben, als ein Meisterstück poetischer Kunst geliebt und bewundert werden."

Zwei Romane Wielands sind noch zu nennen. Da ist einmal die geheime Geschichte des Philosophen "Peregrinus Proteus" (1789-91). Wieland bemühte sich, den Römer gegen die Beschimpfungen des Lukian zu verteidigen. Den Schlußpunkt bildet der 1802 vollendete "Aristipp und einige seiner Zeitgenossen". Er deutet bereits auf die kulturhisrischen Romane des 19.Jahrhunderts hin. Hier versuchte unser Dichter ein Gesamtbild des klassischen Griechenland - in Briefen - zur Zeit des Sokrates darzustellen. Dabei rät er: "Sei so frei und tätig, so groß und gut, als du durch dich selbst sein kannst."

In jener Zeit gelang es dem Altmeister noch im Göschen-Verlag eine Ausgabe seiner "Sämtlichen Werke" in 36 Bänden und 6 Supplementen vorzulegen. 1796-1809 gab er noch das "Attische Museum" heraus. Da weilte er bereits auf seinem 1797 erworbenen Gut Oßmannstädt, seinem "Horazischem Sabinum" zwischen Blumen und Obstbäumen, "wo nur noch Menschenliebe, Philosophie und Poesie" walten sollten. Zwar besuchte ihn hier noch einmal seine Jugendliebe Sophie 1799, aber es blieb ihm Leid und Trauer nicht erspart: Am 8.November 1801 starb seine Frau, nachdem zuvor bereits Sophie Brentano, die geliebte Enkelin der Freundin Laroche die Erde verlassen hatte. Sie sei das Vorbild für die "Lais" im "Aristipp" gewesen. Finanzielle Schwierigkeiten nötigten den alten "Vater Wieland" 1803 sein Osmantinum wieder zu verkaufen. Anna Amalia, die alte herzogliche Freundin, blieb ihm treu und sorgte,so gut sie es in den Turbulenzen der napoleonischen Kriege vermochte, rührend für ihn. Immerhin ließ Napoleon 1806 selbst eine Schutzwache vor Wielands Haus stellen, ja:Er ehrte den greisen Dichter, den "berühmten Autor des 'Agathon' und 'Oberon'" durch eine Ansprache und Verleihung eines Ordens. 1807 verlor er an Gevatter Tod nun auch

Sophie und Anna Amalia, zwei Frauen, die ihm ein Leben lang herzlich begleitet hatten. Auch Friedrich Schiller und Herder, die Freunde des Geistes, lebten nicht mehr.So war es Goethe, der Wieland, als er nach einem Schlaganfall gegen Mitternacht des 20.Januar 1813 die Augen für immer geschlossen hatte, die Grabrede hielt: "Wieland lehnte sich auf gegen alles, was wir unter dem Wort Philisterei zu begreifen gewohnt sind, gegen stockende Pendanterei, Kleinstädtisches Wesen, kümmerliche äußere Sitte, beschränkte Kritik, falsche Sprödigkeit, satte Behaglichkeit, anmaßliche Würde, und wie diese Ungeister, deren Namen Legion ist, nur alle zu bezeichnen sein mögen." Und an seinen Freund Johann Peter Eckermann (1792-1854) schrieb er: "Das ganze obere Deutschland verdanke Wieland seinen Stil. Es hat viel von ihm gelernt, und die Fähigkeit, sich gehörig auszudrücken, ist nicht das Geringste."

Der Arme Mann im Toggenburg

Ulrich Bräker zum 200.Todestag

Als "der Arme Mann im Toggenburg" ging er in die Literaturgeschichte ein. Durch seine "Lebensgeschichte und natürliche Ebentheuer des Armen Mannes im Tockenburg" wurde der zeitlebens nahezu mittellose autodidaktische Schriftsteller Ulrich Bräker 1789 innerhalb kürzester Zeit weithin über die Grenzen seiner schweizerischen Heimat Toggenburg bekannt und berühmt.
Zwei Tage vor dem Heiligen Abend Anno 1735 wurde Ulrich als Sohn kleinbäuerlicher Eltern in Näbis ob Scheftenau geboren. Er selbst äußerte später kurz und bündig: Der 22.Dezember war "für mich ein wichtiger Tag". Sein Vater freilich, der sich nebenberuflich als Salpetersieder ein Zubrod verdiente, habe sich gar nicht über ihn gefreut, denn er "sey ein armes elendes Geschöpf gewesen..." Die Großmutter nahm ihr Enkelchen öfters in die "Stunde"mit, in die religiösen Zusammenkünfte der Pietisten. Als der Bub sechs Jahre alt war, zog die Familie mit wenigen Habseligkeiten nach Krinau, wo der Vater in gebirgischer Einöde den Dreyschlatt-Hof erworben hatte. Ulrich lernte frühauf hart arbeiten; dazu gab es oft Schläge vom Vater. Den Neunjährigen schickte er mit den Geißen aufs Feld. Hier in der stillen Natur fühlte sich der Hütejunge frei. Später erinnerte er sich an jene angenehmen Stunden:"Welch Vergnügen machte mir nicht jeder Tag, jeder neue Morgen.." Vermutlich ab 1742 durfte Ulrich einige Jahre lang im Winter die Schule in Krinau besuchen, wo er mit Freude und Eifer Lesen und Schreiben lernte. Da der Vater gern Geschichten hörte, durfte sein Ältester abends, wenn die Eltern mit seinen Geschwistern spannen, Baumwolle kämmten und Strümpfe strickten, vorlesen, meist aus der Bibel oder aus Arndts "Wahres Christentum".

1747 mußte Ulrich das Hirtenleben tauschen gegen die harte Arbeit der Leibeigenschaft, gemeinsam mit dem Vater. Immerhin durfte er 1752 "in die Unterweisung", die Vorbereitung für das Erste Abendmahl, zum Pfarrer Heinrich Näf. Von diesem Unterricht war der Knabe begeistert.Ein Jahr später geriet die Familie in große Not. Doch, obgleich der Kleinbauer Hab und Gut seinen Gläubigern übertragen mußte, durften sie vorerst im Hause wohnen bleiben und den Hof weiter bewirtschaften. Als aber Monate später ein Käufer das Anwesen erwarb, zogen die Bräkers "mitten im Merz... mit Sack und Pack aus dem Dreyschlatt weg,und sagten diesem wilden Ort auf ewig gute Nacht! Noch lag klaftertiefer Schnee... Wir mußten also unsern Hausrath und die jüngeren Geschwister auf Schlitten selbst fortzügeln".
In Wattwil wurde den Obdachlosen eine jammervolle Herberge zugebilligt. Nachdem Ulrich eine schwere Krankheit überwunden hatte, verdingte er sich als Tagelöhner und Knecht beim Schloßbauern vom Schloß Iberg. Wenig später lernte er nicht nur - wie sein Vater auch - das Pulvermachen, sondern er verliebte sich in Aennchen, des Gastwirts Töchterlein. Der Winter verging mit Spinnen und Baumwollkämmen; im Frühjahr 1755 erlernte er das Salpetergießen.
Wie ein Zugvogel nahm Ulrich im Herbst von daheim Abschied. Ein Nachbar, welcher mit seinen selbstgefertigten Holzrechen und -gabeln auf Reisen ging, nahm den jungen Mann mit nach Schaffhausen. Dieser glaubte sich nun "auf der Suche nach einem Leben ohne die Sorge um das tägliche Brot" zu sein, doch der Händler wollte ihn an einen Soldatenwerber "verkaufen". Zunächst erkannte Ulrich die Absicht und konnte sie mildern, in dem er Bedienter des preußischen Werbeoffiziers Markoni wurde. Er durfte mit seinem Herrn in Saus und Braus leben, hatte wenig zu tun, durfte in schmucker Dienstkleidung durch das Rheinstädtchen spazieren und wurde respektvoll gegrüßt. Erstmals fuhr er in einer Kutsche, kam an den Neckar, war

von Straßburg tief beeindruckt, erlebte im Kinzigtal ein nächtliches Erdbeben und die Rottweiler Fasnacht. Am 15. März aber begann ein 24tägiger Marsch nach Preußen. In Berlin eingetroffen, war Bräkers "Herr" verschwunden. Der unerfahrene junge Mann wurde gegen seinen Willen soldatisch eingekleidet und in eine dürftige Unterkunft eingewiesen: "ist ja nicht einmal ein Wirtshaus!" Immerhin bringt Bräker den Mut auf, sich gegen diesen Zwang zu wehren. Er will sich beim König beschweren. Ein Offizier gibt ihm zu verstehen, daß er mit seinem Werber schon genügend Kosten verursacht habe und erwartet von dem "sauberen Bürschgen" absoluten Gehorsam. Zunächst kann er sich mit zwei Landsleuten in der preußischen Hauptstadt umsehen. Dann beginnt das strenge Soldatenleben. Die Rekruten bekommen beim Exerzieren mehr Prügel als Brot danach. Dabei hat Bräker noch Glück, denn sein ihm wohlgesonnener Zuchtmeister mildert den sonst üblichen Drill. Aber er wird Zeuge des Gassenlaufens von eingefangenen Deserteuren. Sie müssen an 200 mit Ruten nach ihnen schlagenden Soldaten vorbeilaufen! Ulrich Bräker wird später in seinen Erinnerungen über diese Schikanen und Mißhandlungen ausführlich erzählen. ("Es gibt in der deutschen Literatur neben der Autobiographie Bräkers nur wenige Beschreibungen des Militärbetriebes, die so unbeirrt aus der Sicht des einfachen Soldaten geschrieben sind..." Holger Böning.)

Da er zum Militär gezwungen wurde, spricht Bräker den Eid nicht mit. Am 22. August 1756 in der Morgenfrühe marschiert das Regiment Isenblitz über Köpenick und Jakobsdorf zum großen Heerlager bei Pirna. Und Bräker war beim "Überfall auf Sachsen" ebenso dabei wie in der ersten Schlacht des "Siebenjährigen Krieges" am 30. September bei Lobositz. Ihm gelang es wie etlichen anderen unfreiwillig in die Uniform Gepreßten zu den Österreichern überzulaufen "Wo nicht mit Ehren gefochten - doch glücklich entronnen", heißt ein Kapitel seiner späteren Autobiographie.

Die Österreicher behandelten die Deserteure aus der preußischen Armee human, händigten ihnen einen Paß und einen Dukaten Reisegeld aus.
Am 5.Oktober 1756 begann der Marsch in die Heimat, mit einem "Haß auf den Krieg" im Herzen, den er zeitlebens behielt. Als Bräker am 26.Oktober wieder im Toggenburg eintrifft, ist sein geliebtes Aennchen verheiratet. Auch wenn im Dorf über den "Fahnenflüchtigen" gemunkelt wird, im Elternhaus ist Ulrich herzlich willkommen: "Gottlob, daß du gesund da bist... Obschon wir arm sind, gibt's doch alleweil Arbeit und Brodt". Bräker fühlt sich im "geliebten süssen Vaterland" wie neu geboren. Er beginnt wieder das Salpetergießen. Doch Salome Ambühl, seine Verlobte, wünscht sich einen Garnhändler zum Mann, und er muß ein Haus sein eigen nennen. So beginnt Bräker mit einem Startgeld von 100 Gulden (aus einem Erbe des Vaters) den Handel. Er liefert Spinnern Baumwolle, erhält von ihnen Baumwollgarn und verkauft es in St.Gallen auf dem Markt. Am Allerseelentag 1761 findet die Hochzeit von Ulrich und Salome statt. Doch Bräkers Frau hatte ihm nicht nur Bildung vorgetäuscht, sondern beherrschte weder Lesen noch Schreiben; dazu mangelte es ihr an jeglicher Sinnlichkeit. Salome machte ihrem Mann das Leben zur Pein. "So nahm meine Freyheit ein Ende, und das Zanken gleich den ersten Tag seinen Anfang..."
Den Vater hatte Ulrich 1762 vom eigenen Schlitten erschlagen im Winterwald gefundsn. Er befaßte sich mit frommen, mystischen, pietistischen Büchern. Schließlich versuchte er 1768 gar sich erstmals poetisch auszudrücken und verfaßte für seine Gemeinde und Nachkommenschaft "Ein Wort der Vermahnung an mich und die Meinigen, daß nicht besser sey denn Gott fürchten zu allen Zeiten". Eine kleine Schrift fügte er bei: "Ueber die Bücher", um seinen Kindern den rechten Weg zu gutem Lesestoff zu weisen. Später formulierte er ein "Bauerngespräch über das Bücherlesen". Durch die neue "Aufklärung" angeregt, löste sich Bräker

aus der Enge des Pietismus und entdeckte erneut seine Freude an der Natur; auch wurde ihm die Wichtigkeit der Selbständigkeit des Menschen und ein notwendig stärkeres Eigendenken bewußt. Durch seinen Freund Johann Ludwig Ambühl, welcher Bräker um Texte für seine "Brieftasche aus den Alpen" bat und ihn anregte, über das "Baumwollgewerb und den Credit" zu schreiben, wurde er - trotz seines niederen Standes - als Mitglied in die "Moralische Gesellschaft" aufgenommen, da er selbst publizierte und "ein besonderer Liebhaber der Lectur" sei. Obwohl sich Ulrich Bräker geehrt fühlte bei erlauchten geistigen Herren verkehren zu dürfen, quälten ihn doch Minderwertigkeitsgefühle und er verglich sich mit dem "Raben, der mit Enten fliegen will". Im Dorf wurde er neidisch verspottet, Frau Salome war wütend über das Verplämpern der Zeit durch das Lesen und Schreiben ihres Mannes. Erst als 1789 der Verleger Heinrich Füßli in Zürich die "Lebensgeschichte... des Armen Mannes im Tockenburg" herausgab,das Buch erfolgreich war und Bräker ein gutes Honorar einbrachte, erkannte Salome dessen "brotlose Kunst" als zu akzeptierende Arbeit an. Zuvor war der neue Pfarrer von Wattwil, Martin Imhof, bei einem Besuch auf Bräkers Autobiographie aufmerksam geworden. Sie begeisterte ihn so, daß er für eine Veröffentlichung im "Schweizerischen Museum" sorgte. Das Werk wurde in Friedrich Nicolais "Allgemeine Deutsche Bibliothek" lobend besprochen. Dies stärkte das Selbstbewußtsein des nun anerkannten Poeten. Leider hatte Füßli Bräkers Manuskript - nicht immer zum Vorteil - teilweise überarbeitet. Als die Züricher Bürkli-Zeitung die "Lebensgeschichte" nachdruckte, verbreitete sich die Neuigkeit wie ein Lauffeuer im Dorf: "Der närrische Bräker... produziere sich nun auch noch als Autor! Leider war dann Bräker mit dem im Frühjahr 1793 publizierten Auszügen aus seinen "Tagebüchern" nicht mehr so erfolgreich. Offensichtlich konnte damals noch nicht der bedeutende kulturhistorische Wert seiner Beobachtungen

der Zeit und seine Gedanken dazu, erkannt werden. Doch Bräker war als Chronist eine Vollblutnatur und hat der Nachwelt wichtige historische Erkenntnisse hinterlassen, nicht nur aus dem Alltagsleben der ländlichen Bevölkerung in der zweiten Hälfte des 18.Jahrhunderts, sondern er hat auch große geschichtliche Ereignisse aufgeschrieben, wie den "Revolutionssturm im Toggenburg" oder den"Abschied des letzten Landvogts". Darüber hinaus hat er mit erstaunlichem Denkungsvermögen über die Zusammenhänge der Wirtschaft und der Politik philosophiert. 1790 hielt Bräker eine beachtliche Rede "Über den Gassenbettel" vor den Mitgliedern der "Moralischen Gesellschaft" und forderte eine "Bettelordnung".
Von den leider unveröffentlichten Werken Bräkers seien genannt: der Roman "Der Libens Ritter", das von Shakespeare beeinflußte Lustspiel "Die Gerichtsnacht oder was ihr wollt", sowie die "Gespräche im Reiche der Todten", geführt "zwischen einem Schweitzer und einem Teutschen" Soldat. Die 90er Jahre waren, trotz seiner Anerkennung als Schriftsteller, "ein einziges Leiden" für Bräker.In den Augen der "geistigen Elite" blieb der einfache Mann vom Lande stets der "Sohn der Natur". Durch die Kriegswirren gingen die Geschäfte des Garnhändlers sehr schlecht; der Versuch 1794 mit seinem Schwiegersohn eine kleine Fabrik aufzubauen, schlug fehl. Hinzu kamen Schulden,die beim Ausbau des Hauses zugunsten des Sohnes entstanden. Da klagte Bräker: "Keine Menschenseele hilft mir die Last zu tragen!"
Da Füßli nicht mehr bereit war, weitere Teile aus Bräkers "Tagebüchern" zu veröffentlichen, bemühte sich sein Freund, der Arzt Johann Gottfried Ebel, auf Bitten des Autors, einen Verlag in Deutschland zu finden; vergeblich. Als gar seine älteste Tochter und deren Mann wegen Betrügereien ins Gefängnis mußten, war Bräker ein gebrochener Mann und begann zu trinken. Zum Glück erkannte er den Abgrund, vor dem er stand. Da raffte er noch einmal alle

Kräfte zusammen: "alles strebt nach Freyheit... Nur ich bin noch Sklave... abhängig von meinen Gläubigern". Und er beschließt den Schritt zur eigenen Freiheit zu wagen. Am 22.März 1798 tritt der bereits Kranke seine letzte Reise an, will Ordnung in sein Leben bringen, um ehrenwert aus dieser Welt zu scheiden. Im Bankier Daniel Girtanner findet er in der Not einen echten Freund. Er bleibt drei Wochen bei ihm, erledigt alle Angelegenheiten und schreibt an seine Gläubiger. Girtanner verspricht finanzielle Hilfe. Als Bräker Ende April heimkehrt, wird er von seinen Angehörigen (außer seiner Frau) herzlich aufgenommen. Er darf in seinem Haus, das ihm nicht mehr gehört,bleiben, ist aber gezwungen, wieder am Webstuhl sein tägliches Brot zu verdienen. Abgemagert, sich nur mit schmerzstillenden Mitteln aufrecht erhaltend, übersteht er den Sommer. Er denkt über die Schöpfung nach, "Über das Verhältnis von Weltall und Erde", aber auch über sein Leben. Bald ist es Bräker nicht mehr möglich sein Tagebuch zu führen. Der Tod am 11.September 1798 ist eine Erlösung für ihn. Die Beerdigung findet noch an diesem Tage statt.

Bischöflicher Kapellmeister und Komponist

Dem Meister komischer Opern und geistlicher Musik Karl Ditters von Dittersdorf zum 200. Todestag

In seiner glanzvollsten Zeit des Wirkens als Komponist heiterer melodisch reizvoller Opern und Singspiele galt Karl Ditters zu Dittersdorf als größter "Rivale" Mozarts in Wien. Sein auch heute noch bekanntestes Hauptwerk "Doctor und Apotheker" (1786) war zeitweilig beliebter als "Die Zauberflöte". Es ist deshalb bedauerlich, daß einst so erfolgreiche Bühnenwerke wie "25000 Gulden oder im Dunkeln ist gut munkeln" (1785) - "Der Teufel ein Hydraulikus" (1790) - "Das Gespenst mit der Trommel" (1794) oder "Gott Mars oder der Hauptmann von Bärenzahn" (1795) - um nur einige zu nennen - schon seit längerem nicht mehr aufgeführt werden, zumal Ditters von Dittersdorf zu den Begründern der deutschen komischen Oper gehört und das deutsche Singspiel vor allem auch in der Musikstadt Wien zu hohem Ansehen brachte. Peter Cerny sagte einmal: "Ditters Musik aber ist volkstümlich und steht in ihrer lebensvoll-unmittelbaren Haltung den Ideen der bürgerlichen Aufklärung nahe".
Wesentlich vertrauter ist Ditters von Dittersdorf den Freunden geistlicher Musik, denn nach wie vor werden seine Messen und Kantaten, seine Oratorien "Esther" - "Isaak" und "Hiob" im Programm der Kirchenmusik geschätzt. Hinzu kommen zahlreiche Sinfonien, Sonaten, Streichquartette und -quintette, Klavierwerke und Solokonzerte,die dem Altmeister einen bleibenden Platz unter den deutschen Tonkünstlern bewahren.
Geboren wurde Karl Ditters um Allerheiligen 1739 - die Taufeintragung erfolgte am 2.November - in der Wiener Vorstadt Laimgrube. Da die Familie weiterwuchs - Karl kam als 7.Kind zur Welt - verließen die Eltern, der Gold-

und Perlsticker Paul Ditters und seine Ehefrau Anna Maria, das "Freyhaus" und zogen in die Innere Stadt nahe der Schottenkirche auf der Freyung in das "Lamottesche Haus". Das "Geigenwunderkind" Karl musizierte im Orchester der Benediktinerkirche. Gemeinsam mit seinem Bruder Joseph diente er ab 1751 als Kammerknabe bei Generalfeldzeugmeister Joseph Maria Friedrich Wilhelm (späterer Fürst) von Sachsen-Hildburghausen. Karl genoß eine umfangreiche musikalische Ausbildung und Erziehung. Giuseppe Bonno, Leiter der Privatkapelle des Prinzen, unterrichtete den Knaben in Kompositionslehre, der Geiger Joseph Trani sorgte für die Weiterentwicklung im Violinspiel. Karl Ditters durfte bald in der Kapelle mitwirken und nahm an den berühmten winterlichen "Akademien" teil.
Da der Prinz die Vormundschaft des jungen Erbprinzen in Hildburghausen übernehmen mußte, besorgte er seinem Pagen eine Stelle als Geiger im Wiener Hofopernorchester. 1763 reiste Karl Ditters mit Christoph Willibald Gluck nach Bologna, wo er als Violinvirtuose große Erfolge erzielte. Von den Feierlichkeiten der Krönung Erzherzogs Joseph zum römischen König in Frankfurt am Main, bei denen Karl Ditters auserwählt war, das "Ansehnliche Orchester zu Dirigiren", erzählte er begeistert, daß er "zum erstenmal auf dem Römer, zum zweitenmal aber in des Kaisers Quartier, jedesmal bei öffentlicher Tafel,mit einem Konzert... als Titularvirtuos... figuriert" habe.
Während des Reichstages 1764 in Freiburg und Wien begegnete Ditters Adam Patachich, dem Bischof von Großwardein (heute Oradea/Rumänien). Dieser bestellte den hochtalentierten jungen Künstler als Nachfolger von Michael Haydn, zum Hof- und Domkapellmeister und beauftragte ihn, für sein Theater bedeutende Musiker aus Prag und Wien zu engagieren. Musiziert wurde im "Alten Dom" und im "Alten Hof", der früheren bischöflichen Residenz, aber auch in der "Termae Felicianae" und im Bellênieß, dem Sommersitz des Bischofs. Ditters soll 1765 angeregt haben, ein Thea-

ter in der Residenz zu errichten. Schon rund ein Jahr später, am Heiligenabend 1766, fand die Eröffnungsfeier statt mit der Serenata "La Gara di Calandro", Ditters erstem bekannten musikdramatischen Werk.
Der Bischof erlaubte seinem Kapellmeister öfters Reisen nach Wien, wo Kompositionen von Ditters aufgeführt wurden, u.a. in der Augustinerkirche. Ditters komponierte Kantaten und das Oratorium "Isacco figura de Redentore" zu Namenstagsfeierlichkeiten des Bischofs. Baron Patachich hatte Metastasios italienischen Text selbst ins Lateinische übersetzt. Sinfonien und ein Violinkonzert entstanden. "Auch lustige Stücke" durften im Theater aufgeführt werden, so von Ditters "Aus dem Reich der Toten" und "Frau Sybilla trinkt keinen Wein", Kompositionen, geschaffen aus "uralten Stücken".
Als die "fünf vergnüglichen Jahre" endeten, war Karl Ditters bereits ein berühmter und beliebter Geiger, Dirigent und Komponist. 1769 mußte Bischof Patachich seine Kapelle auflösen. Anonnyme Verräter hatten an den Wiener Hof berichtet: in Großwardein würden sogar "zur Advents- und Fastenzeit Komödien gespielt" und "skandalöse Maskenbälle" veranstaltet.
Nach kurzer Reisezeit trat Karl Ditters am 1.November 1769 zunächst nur für einige Monate in den Dienst des Grafen Gotthard Philipp Frag Schaffgotsch, entschloß sich aber ein Jahr später dazu, das Angebot des Fürstbischofs von Breslau anzunehmen und wurde sein Verwalter und Kapellmeister, auch Rat und Beisitzer des fürstbischöflichen Land- und Kriminalgerichts, sowie Forstmeister im Fürstentum Neiße. Ditters hatte den Bischof in Troppau am Hofe des Amtspräsidenten von Österreich-Schlesien Leopold Graf von Lamberg kennengelernt. Ditters siedelte sich in Jaurnig im Gesenke an. Schaffgotsch war mit ihm sehr zufrieden, denn durch die Aktivitäten des Künstlers wurde Schloß Johannisberg zum "Brennpunkt" des Musiklebens in ganz Schlesien". Sogar ein kleines Theater entstand.

Die nun folgenden 25 Jahre waren die Schöpferischsten im Leben des Komponisten. Er schuf hier mehr als 40 komische Opern und Singspiele. Seine Werke wurden weithin berühmt und geschätzt; selbst Goethe hatte eine Vorliebe dafür.
1771 heiratete Karl Ditters Signora Nicolina Drenka(Trink). Er hatte die Primadonna nebst anderen Sängern und Sängerinnen mit Unterstützung seines Freundes Wenzel Pichl aus Wien und Prag für das Schloßtheater in Johannisberg gewinnen können. War Ditters bereits 1770 mit dem päpstlichen Orden vom Goldenen Sporn ausgezeichnet worden, erhielt er durch Zustimmung der Kaiserin Maria Theresia 1773 den Adelsbrief ausgehändigt. Fortan durfte er sich "Ditters von Dittersdorf" nennen. Der Adelstitel war notwendig, da Karl Ditters von Bischof Schaffgotsch nun auch zum Amtshauptmann von Freiwaldau befördert wurde.
Angeregt durch den Hofkapellmeister Florian Leopold Gaßmann komponierte Ditters von Dittersdorf für die Wiener Tonkünstlersozietät das Oratorium "Esther". Es wurde kurz vor Weihnachten 1773 uraufgeführt. Immer wieder reiste von Dittersdorf nach Wien, schloß Bekanntschaft mit namhaften Musikern, ja er musizierte im Frühsommer 1784 im Theater nächst der Burg mit Haydn, Mozart und Wanhal. Nachdem Kaiser Joseph II. 1778 das "Deutsche Nationalsingspiel" begründete, wurde von Dittersdorfs Trias "Der Apotheker und der Doktor" - "Betrug durch Aberglauben" und "Liebe im Narrenhaus" begeistert aufgenommen. In jener Zeit aber warf der "Bayerische Erbfolgekrieg" einen Schatten auf das glanzvolle Johannisberger Musikleben. Bischof Schaffgotsch floh nach Brünn, von Dittersdorf überstand die "Vakanz" bis zum "Teschener Frieden" in Freiwaldau. Doch nun mangelte es dem Grafen an Geld für sein Theater. Da verlegte sein kluger Kapellmeister die Kulturstätte nach Jauernig, wo er sich selbst ein Haus kaufte und betraute die Bürger mit der Regie für ein schlichtes Theaterleben, freilich unter Inkauf-

nahme von auch unprofessionellen Sängern und Schauspielern. In jenem Jahr fand von Dittersdorf im Piaristen (Angehöriger eines katholischen Lehramts) P.Anton Brossmann, Pfarrer und Rektor in Weißwasser, einen Freund,mit dem er Schüler ausbildete, von denen einige wie Gottfried Rieger und Wenzel Müller sich später zu beachtlichen Künstlern entwickelten.
Am 11.Juli 1786 fand die Uraufführung der schönsten komischen Oper "Doctor und Apotheker" in Wien statt. Lortzing bezeichnete sie als "Vorbild für die deutsche volkstümliche Oper des 19.Jahrhunderts und Richard Wagner lobte gar: dieses Singspiel "gehört zu den besten deutschen komischen Opern". Und der Musikkritiker Friedrich Herzfeld schätzte vor allem, "daß sich eine Operngattung endlich einmal von italienischen Vorbildern frei machte und deutsche Texte vertonte". Schon im Frühjahr wurde von Dittersdorfs "beliebte Sinphonie a grand Orchestre" im Kärntnertortheater zum musikalischen Ereignis. Und im Mai erklangen an zwei Tagen die gerade erst vollendeten 12 Ovid-Symphonien, je 6 in Augarten und im Theater.
1788 folgte in Brünn die Aufführung des Oratoriums "Hiob" (23.Dez.), am 21.Januar 1789 die auch heute noch gelegentlich gespielte Oper "Hieronymus Knicker".
Zu den Krönungsfeierlichkeiten für Kaiser Leopold II.in Frankfurt am Main spielte die Mainzer Theatergesellschaft statt Mozarts "Don Giovanni" von Dittersdorfs "Liebe im Narrenhaus", ein beachtlicher Erfolg. Da der Kaiser die eine zeitlang unter staatlicher Verwaltung geführten Breslauer Kirchengüter in Schlesien wieder freigab, ehrte der inzwischen schwer erkrankte Fürstbischof von Dittersdorf mit Ämtern, ernannte ihn zum Vizepräsident des Landrechts in Johannisberg und zum Berghauptmann in Zuckmantel. Dieser kümmerte sich redlich um Schaffgotsch, erweckte jedoch dadurch Neid und Mißgunst beim Schloßpersonal. Ja, er wurde beschuldigt: Betrug begangen zu haben.Schaffgotsch entließ seinen langjährigen getreuen Bediensteten.

Von Dittersdorf zog sich auf das Schloß in Freiwaldau zurück und wurde nach amtlicher Untersuchung von jeglicher Schuld freigesprochen. Bedauerlicherweise blieb das Vertrauensverhältnis zwischen dem Fürstbischof und seinem ehemaligen Kapellmeister gestört. Aber Schaffgotsch sorgte dafür, daß von Dittersdorf vor finanzieller Not bewahrt blieb. Sein Nachfolger Josef Christian Franz Fürst von Hohenlohe-Bartenstein zahlte ihm jedoch nur eine dürftige Pension. So nahm er zwar 1798 dankbar die Einladung des Freiherrn Ignaz von Stillfried an, verließ aber nur ungern österreichisch Schlesien, in dem er sich heimatlich gefühlt hatte. Mit seiner Familie lebte Karl Ditters von Dittersdorf fortan im Wasserschloß Roth-Lhota (Rothlhotta) im südostböhmischen Bezirk Neuhaus. Bekannt wurden noch seine Briefe u.d.T. "Über die Grenzen des Komischen und Heroischen in der Musik" und "Über die Behandlung italienischer Texte bei der Kopmposition".
Schwer erkrankt, liebevoll gepflegt von seiner Frau, Tochter Anna Maria und zwei Söhnen, verbrachte von Dittersdorf schließlich bis zu seinem Tod am 24.Oktober 1799 auf Gut Neuhof. Bis zuletzt diktierte er noch seine "Lebensbeschreibung - seinem Sohn in die Feder". Begraben wurde der "zweyte Gluck", welchem es gelungen war, "zur Freude aller patriotischer Kunstliebhaber, der deutschen musikalischen Muse zum Sieg über die Opernbühne dominierenden Italiener zu verhelfen" am Ostfriedhof zu Deschen.

Geist besiegte den Körper

Dem großen Physiker und satirischen Poeten Georg Christoph Lichtenberg zum 200. Todestag

"Das Buch, das in der Welt am ersten verboten zu werden verdiente, wäre ein Katalogus von verbotenen Büchern." "Daß der Mensch das edelste Geschöpf sei, läßt sich auch schon daraus abnehmen, daß es ihm noch keiner widersprochen hat." - "Wenn ein Kopf mit einem Buch zusammenstößt und es klingt hohl, muß es nicht immer das Buch sein." Durch diese und zahllose andere Sinnsprüche wurde der Physiker und Poet Georg Christoph Lichtenberg der wohl berühmteste deutsche Aphoristiker. Auch nach mehr als zweihundert Jahren werden seine geistvoll-bissigen Texte mit Vergnügen und Zustimmung gelesen und zitiert - es sei denn: man fühlt sich durch sie betroffen(!). Die Aphorismen Lichtenbergs - sie "zielen auf dauernde menschliche Schwächen ab und suchen die ewige Wahrheit des menschlichen Herzens zu ergründen" - stammen im allgemeinen aus seinen "Sudelbüchern", die er im Jahre 1764 begann und bis zum Lebensende fortführte. Leider sind einige von diesen Gedanken-Bänden, in denen Lichtenberg seine "Ein- und Ausfälle über ästhetische, pädagogische, philosophische, ethische und allgemein-menschlichen Gegenstände" (W.Schmidkunz) eintrug, verschollen. Kurt Tucholsky charakterisierte Georg Christoph Lichtenberg einmal vortrefflich: "Morgenstern plus Hebbels Tagebüchern plus französischer Klarheit plus englischer Groteske plus deutschen Herzen." Und Goethe, der den tiefen Sinn in den Aussagen des Satirikers rasch erkannte, äußerte:"Wo Lichtenberg einen Spaß macht, liegt ein Problem verborgen" und weiter, sein Gedankengut ist "die wundersamste Wünschelrute."

Doch neben dem aphoristischen Protagonisten steht einer

der führenden Experimentalphysiker seiner Zeit. Viele naturwissenschaftliche und philosophische Aufsätze, sowie Vorträge, die häufig mit bandwurmlangen Titeln überschrieben waren, lassen selbst in sachlichen kenntnisreichfundierten Texten den klugen Humoristen erkennen. So heißt es, als die Auseinandersetzung mit dem Übersetzer Homerscher Werke Johann Heinrich Voß 1781 begann - über dessen orthographischer Rechthaberei den griechischen Schöpsenlaut betreffend, im Titel: "Über die Pronunciation (Aussprache) der Schöpse des alten Griechenlands verglichen mit der Pronunciation ihrer neuen Brüder an der Elbe." Doch schon eine Satire 1773 auf den Philosophen und Theologen Johann Caspar Lavater trägt den Titel:"Timorus, das ist Verteidigung zweier Israeliten, die, durch die Kräftigkeit der Lavaterischen Beweisgründe und der Göttinger Mettwürste bewogen, den wahren Glauben angenommen haben." Dennoch führte Lichtenberg die Lavatersche "Physiognomik in die Pathognomik über und betrat damit eine Stufe auf dem Wege der Ausdruckskunst",

War der am 1.Juli 1742 in Ober-Ramstadt bei Darmstadt geborene Georg Christoph Lichtenberg von Geist ein Titan und neben Lessing der wichtigste Repräsentant der deutschen Aufklärung, so war er von Gestalt ein buckliger Zwerg. Nach dem vermutlich durch Unachtsamkeit einer Wärterin das Jüngste von 18 Kindern des Landpredigers Johann Conrad Lichtenberg und dessen Gattin Henriette Catharina, geb. Eckhardt, zu Fall kam, kränkelte der Bub, das Rückgrat verkrümmte sich.

1745 zog Familie Lichtenberg nach Darmstadt. Der Vater war zum Oberstadtprediger und Definitor (oberer Ordensgeistlicher) berufen worden. Eine Gedenktafel am Haus Luisenstraße 12 erinnert an die Wohnstätte, in der J.C. Lichtenberg seinem Sohn Unterricht erteilte. Als der "Musje Schorsch" ab 1752 das Darmstädter Pädagog besuchte, war sein Vater, kurz nach dem er zum Superintendenten ernannt worden war, bereits gestorben. Unter Christoph

Martin Wencks Leitung hatte Georg Christoph "durch Fleiß und Scharfsinn den ersten Platz rühmlich inne". 1763 begann Lichtenberg - unterstützt durch ein Stipendium des hessischen Landgrafen - sein Studium der Mathematik, Astronomie und Naturgeschichte an der Göttinger Georgia-Augusta-Universität. u.a. bei den Dozenten Abraham Gotthelf Kästner, Johann Christoph Gatterer und Albrecht Ludwig Friedrich Meister, welcher sogar sein Freund wurde. Abgesehen von einigen Reisen, insbesondere nach England, wo Lichtenberg am 22.April 1770 von König Georg III. auf der Sternwarte in Richmond empfangen wurde - "der glücklichste Tag **meines Leb**ens" -, lebte der Gelehrte und Schriftsteller fortan bis zu seinem Tod in Göttingen. Zu seiner langjährigen Wohnung gehörte sogar ein Hörsaal (Gotmarstraße 1). In den "Sudelbüchern" finden wir auch die "geheime Geschichte von G.", eine Welt von "Stolz, Besoldungsvermehrung und Büchergeschwätz".
Nachdem schon der Student in Gatterers Historischer Akademie eine Vorlesung der Abhandlung "Von den Charakteren in der Geschichte" gehalten hatte, erschien ein Jahr später Lichtenbergs erste gedruckte Arbeit: "Versuch einer natürlichen Geschichte der schlechten Dichter, hauptsächlich der Deutschen" - in den "Gelehrten Beyträgen zu den Braunschweigischen Anzeigen."
Von 1767-1770 wirkte Lichtenberg als "Hofmeister" der Söhne Irby und Swanton eines englischen Admirals, die er später persönlich nach London zurückbegleitete. Als neuernannter a.o. Professor für Philosophie (1770) hielt er seine Antrittsvorlesung zum Thema: "Betrachtungen über einige Methoden, eine gewisse Schwierigkeit in der Berechnung der Wahrscheinlichkeit beym Spiel zu heben". Im Auftrag des englischen Königs weilte Georg Christoph Lichtenberg 1772/73 in Hannover, in Osnabrück und in Stade, um astronomische Messungen und Ortsbestimmungen vorzunehmen. In der Residenzstadt wohnte der Wissenschaftler "nahe der Aegidienkirche" und mußte "alle Nacht ein

geladenes Gewehr in der Stube haben, weil in Hannover sowie in Göttingen die Leute nicht alle gleich ehrlich sind..."

Die Ernennung zum a.o. Mitglied der Göttinger Societät der Wissenschaften 1774 (ab Dez.1776 o.Mitglied) folgte 1775 die Ernennung zum o.Professor der Naturwissenschaften. Wenig später entdeckte er die sogenannten "Lichtenbergschen Figuren" (= auf einer bestäubten Isolierstoffplatte sichtbar gemachte büschelförmige Figuren einer Büschelentladung - selbständige Gasentladung).

1773 Reisen nach Helgoland und Hamburg, wo Lichtenberg Fr.G. Klopstock begegnete. 1774 erneut nach England.Er besichtigte Fabriken in Birmingham, sah sich in Bath, Margate und Brighton um, war Gast der königlichen Familie in Kew und wurde dem berühmten Schauspieler David Garrick vorgestellt. Mit seiner lebendigen Darstellung eines Teiles der Londoner Altstadt am Abend, gelang Lichtenberg erstmals in der deutschen Literatur die Beschreibung einer Großstadt. Weitere bemerkenswerte Eindrücke entnahm der Hainbündler Heinrich Christian Boie Lichtenbergs "Briefe aus England" und publizierte sie in seinem "Deutschen Museum".Bedeutsam in jener Zeit ist auch des Gelehrten "Patriotischer Beitrag zur Methyologie (Zechkunst) der Deutschen..."

Georg Christoph Lichtenberg hatte zwar bereits seine Erfahrungen mit der holden Weiblichkeit gesammelt, als er, der Mittdreißiger, im Jahre 1777 dem knapp 12jährigen Blumenmädchen Maria Dorothea Stechard begegnete. Gewißlich hatte er bislang die wahre Liebe nicht kennengelernt, sonst hätte er wohl kaum in seinem kurz zuvor geschriebenen Briefen "Über die Macht der Liebe" diese Himmelsmacht als eine "poetische Faselei junger Leute" verspottet. Nun war er von der Tochter eines Leinewebers so verzaubert, daß er gestand: "ein solches Muster von Schönheit und Sanftmut hatte ich in meinem Leben noch nicht gesehen..." Nach häufigen Begegnungen blieb Maria schließlich 1780 ganz bei ihm und wurde sein Weib. Er bekannte,"nie reicher und glücklicher" gewesen zu sein. Zwar wurde in der Stadt über das unrechtmäßige Verhältnis gemunkelt, doch störte sich niemand an der Jugendlichkeit des Mädchens, denn selbst aus kirchlicher Sicht war damals lediglich die Konfirmation als Mindestalter für eine Heirat vorgesehen.

Das Jahr 1782 schien für Lichtenberg unter einem unguten Stern zu stehen. Nach Experimenten, die ihm beinahe ein Auge zerstört hätten, litt er einige Wochen an "einem Schmerz gleich unter dem Herzen". Kaum genesen, holte der Sensenmann sein inniggeliebtes Mädchen. Verzweifelt beklagte er den "größten Verlust" seines Lebens.

Die zweite Hälfte der 70er Jahre waren für Georg Christoph Lichtenberg eine tatkräftige erfolgreiche Zeit gewesen. Im Winter 1777/78 las er erstmals über "Experimentalphysik". Sein Freund, der Verleger J.Ch. Dieterich, übertrug ihm 1777 die Herausgabe des "Göttingischen Taschen-Calender". In satirischen Aufsätzen kritisierte Lichtenberg darin den "übertriebenen Geniekult des `Sturm und Drang´, sowie religiöse Intolleranz". Von 1780-85 gab er gemeinsam mit J.G. Forster, dem beachtlichen Reiseschriftsteller, das "Göttingische Magazin der Wissenschaft und Literatur" heraus. Ab 1778 begann er mit seinem "Kalender Erklärungen zu Kupfern Chodowieckis". Die Lichtenberg, wie noch vielmehr seine ab 1794 "Ausführliche Erklärung der Hogarthischen Kupferstiche", auch als vorzüglichen Kunstbetrachter und -kritiker auswiesen.

Nachdem Georg Christoph Lichtenberg 1778 zum Magister ehrenhalber kreiert worden war, begannen die Sozietätssitzungen über die elektrischen Figuren. Zu den Gästen, die den nun berühmten Wissenschaftler und Poeten in Göttingen aufsuchten, zählten neben den geistig Erlauchtetsten wie Goethe und Lessing, vor allem Johann Georg Forster, aber auch Gleim, Campe, Lavater und Merck als Begleiter Augusts Herzog von Sachsen-Weimar. Beachtlich war auch sein Briefkontakt mit großen Persönlichkeiten wie Immanuel Kant. Mit Goethe korrespondierte er über die Farbenlehre. Die Naturforschenden Gesellschaften in Danzig und Halle ernannten Lichtenberg 1782 zu ihrem Mitglied. Er errichtete den ersten Blitzableiter in Göttingen, befaßte sich mit den Gasen ("Kurze Geschichte einiger der merkwürdigsten Luftarten"), startete Ballonversuche und besichtigte Glashütten. 1784 erschien das von dem Naturwissenschaftler Johann Christian Polycarp Erxleben entwickelte Werk der "Anfangsgründe der Naturlehre", von Lichtenberg überarbeitet, in 3.Auflage. Drei weitere Auflagen folgten innerhalb eines Jahrzehntes. 1788 wurde Georg Christoph Lichtenberg zum Königlich-Großbritannischen Hofrath ernannt; ein Jahr danach erwarb die Regierung seine physikalische Sammlung.

Und mit 1789 war auch jenes Jahr gekommen, in dem der bereits 47jährige Junggeselle mit Margarethe Elisabeth Kellner den Bund der Ehe schloß. Sie war seit einigen Jahren seine Haushälterin und hatte ihm bereits mehrere Kinder geschenkt. Das Familienglück (?) bewahrte Lichtenberg jedoch nicht davor, sich mit über fünfzig Jahren noch einmal in eine Leidenschaft zu einem Mädchen zu verstricken. Er schwankte in seinen Gefühlen zwischen Liebesgenuß und als untreuer Gatte ertappt zu werden. Diese Beziehungen zu Dortchen (auch Dolly) wurde erst mit Lichtenbergs Tod beendet.

Längst war Georg Christoph Lichtenberg ein hochgeachteter Forscher, Wissenschaftler und Meister der deutschen Sprache. Doch die ihm zuteil werdenden Ehrungen - u.a. die Aufnahme in die Akademie der Wissenschaften zu Petersburg - berührten ihn nicht mehr. Krank und durch zunehmende Entstellung seines Körpers menschenschau geworden, entzog er sich der Öffentlichkeit, ja er verließ in manchem Jahr seine Wohnung nicht ein einziges Mal. Leider besaß er auch nicht mehr die Kraft, seinen Plan: Einen satirischen Roman über die "Kleinlichkeiten der deutschen Verhältnisse lebenswahr darzustellen" zu schreiben, zu verwirklichen.

Im Februar 1799 befiel Lichtenberg "eine Brust-Entzündung mit Seitenstechen und Blutauswurf". Sie führte am 24., einem Sonntag, in den Morgenstunden zum Tod des auch an einem Sonntag Geborenen. Am Folgetag meldete Prorektor Christoph Friedrich Ammon den "Herren Geheimräten in Hannover pflichtschuldigst", daß der Kollege Lichtenberg "aus dieser Zeitlichkeit zum ewigen Leben übergegangen ist".

Wie sehr Georg Christoph Lichtenberg bei der gelehrten Jugend beliebt war, ist daran erkenntlich, daß etwa 70% der damals an der Göttinger Universität eingeschriebenen Studenten ihm das letzte Geleit zur Grabstätte auf dem Bartholomäus-Friedhof gaben.

Beschließen wir die Gedenkschrift für einen großen Gelehrten und satirischen Poeten mit einem seiner letzten Sätze, die er wenige Tage vor seinem Ableben an seinen Bruder Ludwig Christian in Gotha gerichtet hatte:

> "Alles was also der eigentlich weise Mensch tun kann, ist alles zu einem guten Zweck zu leiten und dennoch die Menschen zu nehmen, wie sie sind."

Reformator des Elementarunterrichts

Zum 250.Geburtstag des großen Pädagogen Johann Heinrich Pestalozzi

Am 12.Januar 1746 wurde in Zürich einer der bedeutendsten Pädagogen und Sozialreformer, der große Kinder- und Menschenfreund Johann Heinrich Pestalozzi geboren, als Sohn des Chirurgus Johann Baptist Pestalozzi und dessen Frau Susanne Hotz.

Nach Besuch der Elementarschule (ab 1751) wurde er Schüler der Schola Abbatissana, der Schola Carolina und des Collegium humanitatis. Nach seinem Studium der Philologie und Philosophie am Collegium Carolinum in Zürich (ab 1763) begann er 1767 eine landwirtschaftliche Lehre bei Johann Rudolf Tschiffeli, wurde zwei Jahre später Landwirt in Müllingen und heiratete Anna Schultheß.

Durch Rousseau zur Volkserziehung angeregt, gründete er Mitte der 70er Jahre des 18.Jahrhunderts im Neuhof auf dem Birrfeld im Aargau, wo er einen landwirtschaftlichen Betrieb aufgebaut hatte, zusammen mit seiner Frau Anna eine Erziehungsanstalt für arme Kinder. Es gelang ihm fünfzig Bettelkinder, die er in sein Gut aufnahm, unter Aufopferung und Einsatz seines Vermögens, zu ordentlichen Menschen zu erziehen.

Pestalozzis pädagogisches Grundanliegen war: statt des nur mechanischen Einprägens von Wissensmaterial die geistigen und körperlichen Kräfte der Kinder gezielt zu fördern. Er wurde dadurch Wegbereiter für die späteren Volksschulen und entwickelte als "Reformator des Elementarunterrichts" eine neue Bildung der Lehrer.

Nachdem bereits 1777 seine "Neuhofschriften" erschienen waren, stellte er später sein pädagogisches Programm u.d.T. "Abendstunde eines Einsiedlers" vor.

Fundament seiner humanen Erziehung war für Pestalozzi die Familie. Anschaulich belebt der Pädagoge seine Ideale

in den Geschichten "Lienhard und Gertrud" (1781-87), "Christoph und Else" (1782) und im Roman "Wie Gertrud ihre Kinder lehrt" (1801). 1792 wurde Pestalozzi zum französischen Ehrenbürger ernannt; ein Jahr später schrieb er seine Revolutionsschrift "Ja oder Nein". 1798 wurde er gar Redakteur des "Helvetischen Volksblattes".
Ab 1798 leitete Pestalozzi das Waisenhaus in Stans. 1799 war er Lehrer in Burgdorf. 1804 wurde das Institut nach München-Buchsee verlegt, eine Zweigniederlassung in Iferten (Yverden) mit einem Töchterinstitut gegründet. 1810 verließ einer der begabtesten Mitarbeiter Pestalozzis, Joseph Schmid, mit mehreren Lehrern seinen Meister, kehrte aber fünf Jahre später nach Iferten zurück.
Streit in der Lehrerschaft führte zum Niedergang des Instituts und der ab 1817 beginnende Zwist mit Pfarrer Johannes Niederer führte schließlich gar zum Verlust des Vertrauens in der Öffentlichkeit. Ein Gerichtsverfahren endete für Pestalozzi etwas günstiger als für Niederer. Trotz mancher Kränkungen und Kämpfe arbeitet Pestalozzi unbeirrt bis ins Greisenalter weiter an seinen Plänen einer neuzeitlichen Erziehung, unter anderem forderte er die "Anerkennung der Menschenwürde" durch Überwindung der Standesunterschiede, sowie Bildung für alle!
Nachdem Pestalozzi 1825 sein Institut in Iferten aufgegeben hatte, kehrte er zum Neuhof zurück. Im letzten Lebensjahr schrieb er die Bekenntnisschrift: "Meine Lebensschicksale als Vorsteher meiner Erziehungsanstalten in Burgdorf und Iferten", zum Teil u.d.T. "Schwanengesang". Darin verurteilt er hart seine eigenen Mängel, freilich auch jene seiner langjährigen Mitarbeiter. Als seine Gegner darauf einen "Beitrag zur Biographie Pestalozzis" veröffenlichen, arbeitet er rastlos an einer Erwiderung, erkrankte dabei erneut an einem alten Gallenleiden und starb am 17.Februar 1827 in Brugg. Wunschgemäß wurde er zwei Tage später auf dem Friedhof neben der Dorfschule zu Birr beerdigt.

Wurden schon zu Lebzeiten Pestalozzis seine Ideen der natürlichen, humanen Erziehung in Europa verbreitet und von sogenannten "Pestalozzianern" wie Fröbel, Diesterweg oder Runge, praktisch verwirklicht, entstanden bald in vielen Ländern Schulen, Musteranstalten und Lehrerbildungsstätten, denen ab Mitte des 20.Jahrhunderts Pestalozzi-Kinderdörfer für Waisen und Flüchtlingskinder aller Nationen und Rassen folgten.

Künder und Deuter der schönen Künste

Wilhelm Heinse zum 250. Geburtstag

Im damals thüringischen Fürstentum Schwarzburg-Sondershausen wurde am 15.Februar 1746, nicht weit von Ilmenau entfernt, wo 34 Jahre später Goethe auf dem Kickelhahn sein weithin bekanntes Gedicht "Über allen Gipfeln ist Ruh..." gedichtet hat, wurde in Langewiesen der Erzähler, Kunstschriftsteller und Übersetzer Johann Jakob Wilhelm Heinse als Sohn eines Predigers geboren.
Eigentlich hieß er "Heintze", und er kann auch erst am 16.Februar als Sohn eines Stadtschreibers und Organisten das Licht der Welt erblickt haben, denn solche unterschiedlichen Überlieferungen liegen uns über diesen Dichter vor, dessen Geburtstag sich Mitte Februar 1996 zum 250. Male jährt.
Gewiß ist, daß er zur literarischen Gruppe,die wir "Sturm und Drang" nennen, gezählt wurde, aber einer der eigenständigsten, vielseitig begabtesten und fortschrittlich denkenden Geistespersönlichkeiten in der zweiten Hälfte des 18.Jahrhunderts war.
Schon als Schüler ist Wilhelm Heinse ein hervorragender Orgel- und Klavierspieler gewesen, unterrichtete andere Kinder im Flötenspiel und dirigierte einen Schülerchor. Zwar lief der Knabe in seinem "14.Jahr davon", nachdem er "vorher oft in den dichtesten Wäldern Betrachtungen über das Innre des Menschen angestellt hatte...", war aber als Gymnasiast in Arnstadt und Schleusingen durchaus erfolgreich.
Heinse, welcher sich als Jüngling in zwei Mädchen gleichzeitig verliebte, welche ihn "in der Musarionischen oder Bacchidionischen Weisheit unterrichteten", bekannte, daß das 17. und 18. Jahr die "vielleicht schönsten Jahre seines ganzen Lebens" waren. Durch Lesen der Dichtungen

von Hofmannswaldau wurde Heinse angeregt "Jagdlieder zu machen".
In Jena und Erfurt studierte er Rechtswissenschaft. Wieland, welcher von der Universität Erfurt als Professor der Philosophie und der Schönen Wissenschaften berufen wurde, empfahl Gleim den ihm befreundeten Heinse. Mit einem autobiographischen Bekenntnisbrief stellte dieser sich "Vater Gleim" vor. Gleim, der ihm bald freundschaftlich verbunden war, führte den jungen armen Studenten in seinen Dichterkreis ein, unterstützte ihn und besorgte ihm bei Frau von Massow eine Hauslehrerstelle in Quedlinburg und Halberstadt, wo er das Leben mehr genießen,denn schöpferisch tätig sein konnte. Schließlich vermittelte ihm Gleim eine Redakteurstelle an der von J.G.Jakobi herausgegebenen Damen-Zeitschrift "Iris". So zog Heinse 1774 von Halberstadt nach Düsseldorf und begann ein Tagebuch zu schreiben.
In jener Zeit hatte Heinse schon zwei lyrische Bände veröffentlichen können: 1771 die "Sinngedichte" und 1773 das Epos "Die Kirschen". Im folgenden Jahr erschien Heinses erster Roman: "Laidion oder die eleusinischen Geheimnisse", den der junge Goethe - die beiden jungen Dichter hatten sich in Pempelfort bei Fritz Jacobi kennengelernt - hohe Lobesworte spendete.
Dank großherziger Unterstützung Jacobis und Gleims trat Wilhelm Heinse im Juni 1780 eine Reise nach Italien an; eigentlich war es eine Wanderung, denn Heinse ging fast nur zu Fuß nach Süden, zunächst am Rhein entlang, nach Heidelberg und Straßburg, in die Schweiz, über den Gotthard zum Genfer See. Ja, er kam sogar durch die Provence bis nach Marseille und fuhr mit dem Schiff nach Genua. Am 22.November 1780 erreichte er Venedig. Hier verweilte der Kunstbegeisterte bis zum Juni 1781, durchquerte dann die Toscana, blieb zwei Monate in Florenz und kam am 15.September 1781 in Rom an. Diese herrliche Stadt des Südens wurde ihm für zwei Jahre zur Heimat (mit Sommer-

aufenthalt 1782 in Neapel). Geldmangel hinderte ihn sich seinen Wunsch zu erfüllen, nach Sizilien und Griechenland zu reisen. Der Heimweg führte ihn durch die Lombardei nordwärts. Diesmal überquerte er die Alpen über den Brenner, hielt sich noch in Augsburg und München auf und traf am 18.September 1783 wieder in Düsseldorf ein.

Wilhelm Heinse, der in Italien italienisch wie seine Muttersprache zu sprechen gelernt und sich im Süden als wandernder italienischer Maler ausgegeben hatte, fand sich im kühlen Norden nur schwer wieder zurecht. Zu sehr hatte ihn neben der zauberhaften Landschaft und der unerschöpflichen Fülle prachtvoller Kunstwerke die berauschende Sinnlichkeit schöner Stimmen (Opernsängerinnen, Kastraten, Nonnenchöre) beglückt. In Briefen an seine Gönner schilderte Heinse die italienischen Landschaften so malerisch, daß diese Reisebilder zur schönsten deutschen Poesie gezählt werden dürfen.

Wilhelm Heinse, der mit allen Sinnen die Schönheit der Natur und der Kunst aufsaugte, war zwar ein Barockmensch, begeisterte sich jedoch vor allem an der Pracht der italienischen Renaissance. Da ihm die Klassik und der neue Klassizismus fremd blieben, war eine Verständigung mit Goethe und Schiller ausgeschlossen. Dennoch schrieb er bedeutende Kritiken über Goethes Werke.

1786 erhielt Heinse am Kurfürstlichen Hof zu Mainz eine Stelle als "Vorleser" und wurde drei Jahre später - Dank seines großen Erfolges als Dichter - zum Hofrat und Bibliothekar ernannt. Plötzlich berühmt geworden war Heinse nach der Veröffentlichung seines Romans "Ardinghello und die glücklichen Inseln" (1787). In diesem Werk schildert der Dichter das Leben der Menschen im 16.Jahrhundert und versuchte dabei eigene Kunstbetrachtungen und künstlerischen Ansichten in die Handlungen einzuflechten.

Ardinghello gründet mit seiner Geliebten, Fiordimona und Freunden auf den glückseligen Inseln Paros und Naxos einen neuen (utopischen) Staat, "in dem Kraft, Schönheit und Sinnenfreude regieren". Heinses Roman beflügelten romantische Dichter wie Tieck, von Arnim, Clemens Brentano und Hölderlin und regten sie zu eigenem Schaffen an.Mit Hölderlin und seiner "Diotima" (Susette Gontard) reiste Heinse sogar 1796 nach Bad Driburg. Er sagte ihnen, daß "das Ausleben von Liebe ein natürliches Recht" sei. Und Hölderlin nannte den Dichter "einen herrlichen alten Mann!"

Doch "Ardinghello" trug Heinse nicht nur begeisterte Zustimmung ein. Schiller nannte den Roman ein "Produkt gemein, niedrig, verwerflich, so bald es kalt und leer ist", und Goethe lehnte den Dichter ab, "weil er Sinnlichkeit und abstruse Denkweisen durch bildende Kunst zu veredeln und aufzustutzen unternahm".

Noch größere Empörung hatte bereits der 25jährige Heinse provoziert als er Werke italienischer Dichter wie Tasso, Ariosto oder Petronius zwar meisterhaft übersetzt, aber gewagt hatte, auch Textstellen über den römischen Sittenverfall (Satyricon) ins Deutsche zu übertragen, die bisher als tabu gegolten hatten.

Obgleich sich Wilhelm Heinse wegen seines ästhetischen Immoralismus (Ablehnung moralischer Grundsätze)den "Bannstrahl der Geschichte" auf sich gezogen hatte, trat er immer wieder für die "völlige Freiheit des Künstlers von Normen und Gesetzen" ein und blieb ein flammender Deuter des Schönen und Echten in der Musik, Kunst und Dichtung, denn sein Geist erfaßte wissend die großen Zusammenhänge in der Kultur und er erkannte wie kaum ein anderer seiner Zeit den Wert der bislang minder geschätzten Landschaftsmalerei. In der Kunstbetrachtung stützte er sich nicht nur auf die Verherrlichung der Antike, sondern er beurteilte ein Kunstwerk stets aus der Sicht aller menschlicher Schaffensperioden.

In seinem Roman "Hildegard von Hohenthal" (1795/96) offenbart Heinse die Früchte seiner Erlebnisse und Studien, äußert ausführlich seine Gedanken über Musiktheorie,denn

"Musik ist das Sinnlichste, was der Mensch vom Leben fassen kann". Freund Sömmering (Anatom) und Susette Gontard schenkte er die ersten Exemplare, ihr mit der Widmung: "Dame Gontard in dem reinen schönen Tizianischen Teint".
Am Hofe des Kurfürsten fühlte Heinse sich wohl, ja er war gar der Günstling der Gräfin Coudenhoven,der Vertrauten Carl Josephs. Er und sein Koadjutor (Amtsgehilfe des Bischofs) Dalberg lobten die Werke des Dichters.Und als der Kurfürstliche Hof "mitten im Kriegsgetümmel" - die Franzosen belagerten Mainz - 1795 nach Aschaffenburg verlegt werden mußte, blieb Heinse genauso in Amt und Würden wie später, als nach des Kurfürsten Tod (1802) von Dalberg sein neuer Herr wurde. In seinem letzten Lebensjahr - ein Schlaganfall hatte den 56jährigen halbseitig gelähmt - erschien noch der Roman "Anastasia oder das Schachspiel". Einen zweiten Schlaganfall überlebte er nur wenige Tage und starb am 17.Juni 1803.Nur wenige Freunde begleiteten Wilhelm Heinse zu seiner zukünftigen Ruhestätte auf dem Altstadtfriedhof zu Aschaffenburg.
Clemens Brentano, welcher 39 Jahre später in seiner Nähe beerdigt wurde, hat ihn wohl als Mensch und Künstler am besten gekannt: "Heinse war bis in die letzte Zeit derselbe, und ich glaube, er hat vielleicht klassischer gelebt als gedichtet... Heinse ist mir eine der wunderbarsten poetischen Naturen, und bescheiden war er... Ich weiß nicht warum, aber ich habe ihn gar lieb."

"Er hat den Kindern unglaubliche Dienste geleistet..."

Dem Menschenfreund und Sprachwissenschaftler Joachim Heinrich Campe zum 250.Geburtstag

Vor 250 Jahren, am 29.Juni 1746, wurde in Deensen, einem Dorf zwischen Hils und Solling im Weserbergland, der große Pädagoge, Sprachwissenschaftler und Jugendbuchschriftsteller Johann Heinrich Campe, in der heutigen Robinson-Crusoe-Straße 2 geboren. Sein Vater Burchard Hilmar, ein Landbesitzer und Textilhändler, stammte aus einem braunschweigischen Adelsgeschlecht, seine Mutter Anna Sophia Maria war eine geborene Klingemann.
Zunächst ging Joachim Heinrich in die Deensener Dorfschule , wurde aber bald von Hauslehrern unterrichtet und mit rund vierzehn Jahren in eine Klosterschule in Holzminden (Gymnasium) eingewiesen. Von 1756-1767 studierte Campe in Helmstedt, von 1768-1769 in Halle Evangelische Theologie. In dieser Zeit erschienen bereits seine ersten Publikationen: "Das Testament" (1766) und "Satiren" (1768).
1769 erhielt J.H. Campe die ehrenvolle Aufgabe als Hauslehrer der Familie von Humboldt im Schloß Tegel bei Berlin die Brüder Alexander und Wilhelm zu erziehen. Unterbrochn wurde diese Tätigkeit (welche erst 1776 endete) vorübergehend, da der junge Pädagoge zum Feldprediger in Potsdam bestellt wurde, wo er auch einen Plan zur Erziehung der preußischen Kronprinzen entwarf.
Nur kurzfristig predigte Campe 1776 an der Potsdamer Heilig-Geist-Kirche, dann nahm er eine Einladung des Fürsten Franz von Dessau an, als "Educationsrath" (Erziehungsrat) unter der Leitung des damals berühmten Erziehers Johann Bernhard Basedow am Philantropium mitzuarbeiten. Noch im selben Jahr zum Direktor des Instituts (der Menschenfreunde), wird er Dank seiner Wirtschaftli-

chen Erfolge und pädagogischen Grundsätze rasch im ganzen Land bekannt und geschätzt. Nach einem Zwist mit Basedow verließ Campe spontan Dessau, arbeitete in Hammer Deich bei Hamburg in der Landwirtschaft und Gärtnerei, begründete und leitete aber bereits ein Jahr später eine eigene , an der Familie ausgerichtete Erziehungsanstalt für Kinder angesehener Kaufherren, um seine neuzeitlichen pädagogischen Ideen verwirklichen zu können. Es erschien das "Sittenbüchlein für die Kinder aus gesitteten Ständen" (1777) und eine "Sammlung einiger Erziehungsschriften" (1778).

Anfang der achtziger Jahre des 18,Jahrhunderts betraute Campe Ernst Christian Trapp mit der Leitung der Erziehungsanstalt und ließ sich in Trittau (Holstein) als pädagogischer Schriftsteller nieder. Zuvor hatte die Herausgabe seines frei nach dem Text des Dichters Daniel Defoe bearbeiteten Jugendbuches "Robinson der Jüngere" Joachim Heinrich Campe größte Erfolge gebracht und hatte ihn durch viele Übersetzungen in die meisten europäischen Sprachen, weltberühmt gemacht. "Die Entdeckung von Amerika" (1781/82) für Kinder erzählt, folgte. Campe wurde damals auch Mitarbeiter der "Hamburgischen Adresscomtoir-Nachrichten". Er schrieb aber auch hilf- und lehrreiche Bücher für junge Menschen, wie "Theophron oder der erfahrene Rathgeber für die unerfahrene Jugend" (1783) oder die "Sammlung interessanter und zweckmäßig abgefaßter Reisebeschreibungen für die Jugend"(1785-1793) und gab in den Jahren 1779-1784 einen "Hamburgischen Kinderalmanach" heraus. "Sämtliche Kinder- und Jugendschriften", die der Pädagoge 1817 als "Ausgabe letzter Hand" seinen jungen Freunden hinterließ, füllen stattliche 37 Bände. Goethe - er begegnete Campe 1810 in Karlsbad - bekundete achtungsvoll über ihn: "Er hat den Kindern unglaubliche Dienste geleistet; er ist ihr Entzücken und sozusagen ihr Evangelium".

1786 berief Karl Wilhelm Ferdinand Herzog von Braunschweig Joachim Heinrich Campe zum braunschweigisch-lüneburgischen Schulrat; u.a. sollte er das Schulwesen menschenfreundlicher gestalten. Seine neue Wohnstätte war Schloß Salzdahlem. Nun entstanden auch pädagogisch-, sozial- und sprachwissenschaftliche Werke wie:"Allgemeine Revision des gesammten Schul- und Erziehungswesens"(1785-1791) oder "Ueber einige verkannte, wenigstens ungenützte Mittel zur Beförderung der Industrie der Bevölkerung und des öffentlichen Wohlstandes" (1786), sowie das verdienstvolle"Wörterbuch zur Erklärung und Verdeutschung der unserer Sprache aufgedrungenen fremden Ausdrücke". Ein solches Werk wäre auch den Deutschen unserer Zeit sehr zu empfehlen, um der galoppierenden Zerstörung unserer Sprache durch immer mehr Fremdwörter Einhalt zu gebieten!

Ein fünfbändiges "Wörterbuch der deutschen Sprache" gab J.H. Campe gemeinsam mit Th.Bernd und Joh.G. Radlof zwischen 1807-1812 heraus. Eduard Engel lobte in seiner Deutschen Literaturgeschichte den Sprachwissenschaftler: "Am meisten zu rühmen ist an Campe die Deutschheit seiner Sprache - manches Wort, zum Beispiel "Feingefühl" neben Takt - "Beweggrund" statt Motiv, verdanken wir dem einst ungerecht verspotteten Campe".

1794 wurde Campes Veröffentlichung: "Ueber die Reinigung und Bereicherung der deutschen Sprache" von der Berliner Akademie preisgekrönt. J.H. Campe übernahm die zum Waisenhaus in Braunschweig gehörende Buchhandlung und Druckerei, die sein Schwiegersohn, der Berliner Buchhändler Friedrich Vieweg, später übernahm und zu einer der namhaftesten Schulbuch-Verlagsbuchhandlungen Deutschlands ausbaute. Längst schon hatte Joachim Heinrich Campe bedeutende Dichter seiner Zeit kennengelernt, wie Klopstock, Mathias Claudius und Lessing, welcher Campe als "einen festen unschwärmerischen Mann zu schätzen" wußte. Auch korrespondierte er mit dem Philosoph Friedrich Heinrich Jacobi, dem Verlagsbuchhändler Christoph Friedrich Nicolai und dem Theologen Lavater u.a. Gern schrieb Campe Briefe von unterwegs, von denen die Sammlung "Briefe von einer Reise von Braunschweig nach Paris im Heumonat 1789"bemerkenswert ist und die "Briefe aus Paris zur Zeit der Revolution geschrieben"(1790) gar als wesentliche Zeitdokumente zu bewerten sind. In seiner Vorrede äußert sich der Verfasser u.a.: "Auch dieses wird man beim Lesen (der Briefe) nicht vergessen, daß mein günstiges Geschick mich gerade zu einer Zeit nach Frankreich führte, da die ersten gräulichen Auftritte der Revolution schon vorüber, die letztern aber noch nicht erfolgt waren,so daß mein dortiger Aufenthalt gerade in diejenige Periode dieser merkwürdigen Begebenheit fiel, in der sie dem Zuschauer sich von ihrer besten und mildesten Seite zeigte".

Die Ereignisse der Französischen Revolution beschäftigten Campe so stark, daß er 1791 eine "Geschichte der französischen Staatsumwälzung" verfaßte. Darauf hin wurde ihm, dem freiheitlich- und gleichheitsgesinnten Vertreter der Aufklärung ein französisches Bürgerdiplom erteilt. Aber er wurde auch wegen seiner Sympathien für die Revolution bedroht, denunziert und erhielt sogar Zensurauflagen. Campe reagierte hierzu mit seiner Publikation: "An meine Mitbürger" (1793). Schon früher war er mit der Obrigkeit in Konflikte geraten, damals mit der orthodoxen Kirchenverwaltung. Sie hatte sich negativ über seine reformerischen Lehrpläne und das neuorganisierte Schulwesen geäußert. Campe rechtfertigte sich 1787 gegen diese Vorwürfe mit der Veröffentlichung: "An meine Freunde". 1788 gründete er mit Freunden das "Braunschweiger Journal".

Anfang des 19.Jahrhunderts ließ J.H. Campe auf einem erworbenen riesigen Gelände vor den Toren Braunschweigs 33000 Bäume anpflanzen, eine von "pädagogischer Symbolik" angereicherte Kulturlandschaft, für die der ideenreiche und weitvorausschauende Biotopist gegenwärtig sicherlich mit einem grünen Orden ausgezeichnet würde.

Campe reiste durch England und Frankreich, worüber er in "Briefen an einen jungen Freund in Deutschland" berichtete, ehe er 1807 zum Deputierten in Kassel, der damaligen westfälischen Hauptstadt, gewählt wurde. Campe setzte sich dafür ein, daß Braunschweig Regierungssitz des Königreiches Westfalen unter der Herrschaft von Napoleons Bruder Jérôme werden solle. Immerhin erhielt die Campe-Viewegsche Buchhandlung den Auftrag "offizielle Verlautbarungen der westfälischen Regierung" zu verlegen.

1809 ernannte die Universität Helmstedt Joachim Heinrich Campe zum "Theologischen Ehrendoktor". Zunehmende Augen- und Geistesschwäche hinderten den großen alternden Pädagogen und Reformer immer mehr daran am öffentlichen Geschehen mit Wort und Tat teilzunehmen. Am 22. Oktober 1818 endete sein vielseitiges und erfülltes Leben. Auf dem Grabe in seinem Garten am Viewegschen Hause zu Braunschweig lesen wir wie einen letzten Gruß von ihm die Inschrift:

> "Hier ruhet nach einem Leben voll Arbeit und Mühe
> zum erstenmale der Pflanzer Joachim Heinrich Campe.
> Er pflanzte... immer mit gleichem Eifer
> und mit gleicher Treue Bäume in Gärten
> und Wälder, Wörter in die Sprache, und
> Tugenden in die Herzen der Jugend..."

Gottfried August Bürger

Dem großen deutschen Balladendichter zum 250. Geburtstag

Im Pfarrhaus zu Molmerswende am Harz, bei Halberstadt, wurde in der Silvesternacht 1747 der später als "Begründer der deutschen Ballade" geehrte Gottfried August Bürger geboren. Er galt neben Goethe als der führende Lyriker der Zeit des "Sturm und Drang". Dem Sohn eines selbstgenügsamen Predigers und einer jähzornigen Mutter wurde ein schweres Schicksal in die Wiege gelegt: zahlreiche berufliche Schwierigkeiten, verbunden mit Hohn und Demütigungen, sowohl als Beamter wie auch als Poet, mußte er erdulden. Hinzu kamen seelische Qualen durch eine Doppelliebe zu zwei Schwestern.

Immerhin war es für Gottfried August Bürger günstig, daß ihn sein Großvater Jakob Philipp Bauer aus der bedrückenden Häuslichkeit der Eltern befreite, zu sich nach Aschersleben holte, wo der Knabe ab 1759 in die Stadtschule ging und 1760 auf das Pädagogium in Halle überwechselte. Über den Winter 1763/64 wohnte Gottfried August bei seinem Großvater, ehe er auf dessen Wunsch sein Studium der Theologie in Halle begann. Eine Freundschaft zu Christian Adolf Klotz, Professor der Philosophie und Beredsamkeit, entwickelte sich, die - abgesehen davon, daß der Dozent des Jünglings Interesse für klassische Studien weckte und ihn zu ersten Versen anregte - für Bürger mehr negative Einflüsse beinhaltete. Durch Professor Klotz, welcher wegen seines leichtfertigen Lebenswandels einen schlechten Ruf hatte und Bürgers "angeborene sinnliche Neigung" stärkte, geriet der Student bei der Theologischen Fakultät in Mißkredit. Da er sich außerdem an der Gründung einer verbotenen studentischen Landsmannschaft beteiligte, folgte eine Bestrafung. Daraufhin schickte Großvater Bauer seinen

Enkel 1768 an die Universität nach Göttingen, wo Bürger nun die Rechte studieren sollte. Viel mehr interessierten ihn allerdings die Fächer Philologie und Literatur. Durch eine Freundschaft mit Christian Heinrich Boie lernte er die meisten Dichter des "Göttinger Hain" kennen.
Boie setzte sich nicht nur wiederholt für Bürger ein, sondern wurde auch später sein poetischer Berater. Seine literarischen Bemühungen wurden zusätzlich im Shakespeare-Club gefördert. Hier sind wohl auch die Wurzeln zu suchen, die Gottfried August Bürger anregten künftig beachtliche Übersetzungen aus den Werken Shakespeares, Ossians und vor allem des Homer, zu leisten.
Erste Aufmerksamkeit erregte Bürger 1769 mit seiner Probeschrift "Etwas über eine deutsche Übersetzung des Homers". Er hatte sie an die Göttinger "Deutsche Gesellschaft" gesandt und kühn um Aufnahme als Beisitzer gebeten. Obgleich solche Gesuche ungewöhnlich waren, genehmigte der Vorstand seine Bitte, da er eine gewisse Genialität des Kandidaten erkannte. Weitere Achtung erwarb sich Bürger durch Veröffentlichungen (seit 1771) im "Göttinger Musenalmanach". 1778 wurde er selbst für einige Jahre Herausgeber des literarisch bedeutsamen Kalenders.
Freund Boie vermittelte Bürger 1772 eine Gerichtsbeamtenstelle der gräflichen Familie von Uslar in Alten-Gleichen. Wohnsitz wurde zunächst Gelliehausen. Im Haus am Teich 73 schrieb er seine berühmte Ballade "Lenore". Sie erschien 1774 im Göttinger Musenalmanach und wurde - von Goethe und Wilhelm Schlegel hochgelobt - in viele Sprachen übersetzt. Paul Fechter äußerte später:"Kunst und Volkstümlichkeit gingen hier zu einer Einheit zusammen". In der grauslich-romantischen Ballade holt sich das Gespenst eines gefallenen Soldaten seine Braut zum Ritt durch die Nacht.
Die Freude des jungen Dichters über seinen literarischen Erfolg wurde getrübt über seine Erfahrungen als Amtmann.

Die "Gerichtsbarkeit" hatte sein Vorgänger in einem trostlosen Zustand hinterlassen. Dazu kamen Schwierigkeiten mit den "verwilderten Untertanen", sowie durch Intrigen der im Streit lebenden Familienmitglieder von Uslar. In einem Brief an Gleim klagt Bürger: "Ich weiß nicht, ob ich es lange ertragen kann" und fügt an: "Mein kleines poetisches Talent... verwelkt bei meiner jetzigen Lage fast völlig..." Strenge Pflichten und Querelen ließen ihn zwischen Lethargie und Krankheiten schwanken. Die geringe Besoldung verleitete Bürger zum Lotteriespiel und führte doch nur zu größeren Schulden. Selbst in einer Auswanderung sah er die Selbstbefreiung.Schließlich pachtete er das Gut Appenrode, glaubte durch Betreiben einer Landwirtschaft ersehnte Unabhängigkeit zu erringen. Doch auch diese Bemühungen, wie etliche andere Pläne, eine angemessene Stellung zu finden, endeten erfolglos. In seiner Not schrieb Bürger 1774 an Goethe, sowie an Friedrich den Großen. Der Dichterfürst antwortete kühl und ablehnend, des Königs Staatsminister Freiherr von Zedlitz wies den Bittsteller ab.
Gottfried August Bürger wechselte damals häufig die Wohnorte. 1774/75 zog er nach Niedeck, wo er als gern gesehener Gast des Amtmanns Johann Carl Leonhart weilte und sich in dessen Töchter Dorothea Marianne und Auguste verliebte. Am 22.November 1774 heiratete er "Dorette", die ein Kind von ihm erwartete, bemerkte aber bald,daß ihn eine viel innigere und leidenschaftlichere Liebe zu deren Schwester "Molly" hinzog. Durch Umzug des Ehepaares ins benachbarte Wöllmarshausen, versuchten die drei Menschen die unglücklichen Herzensverwirrungen bewältigen zu können. Doch der Kampf gegen die Gefühle blieb vergeblich. Schließlich war Dorette sogar bereit, eine Ehe zu dritt zu führen, um ihren Mann nicht zu verlieren. Dies beendete zwar nicht die Seelenqualen,aber es linderte sie. Als Molly 1782 Mutter wurde, wird Bürger ringsum moralisch verachtet. Er selbst empfand seine

leidenschaftliche Hingabe als heilig und dichtete das ergreifende Epos "Das Hohe Lied von der Einzigen". Mit diesen Versen und etlichen anderen erotischen Gedichten besang er seine geliebte Molly. Und er bekannte ihr: "Wie brünstig ich dich im Geist umfange, läßt sich mit Worten nicht beschreiben... Oft mögde ich in der... Mitternacht aufspringen, dir zueilen, mich in dein Bette, in deine Arme, kurz in das ganze Meer der Wonne stürzen und - sterben..."

Von 1780-1784 war Gut Appenrode das Domizil. Lyrische Selbstzeugnisse und Widerspiegelungen seiner Liebesempfindungen entstanden hier. Knapp ein Jahr nach Dorettes Tod heiratete Bürger am 17.Juni 1785 in Bissendorf in der Wedemark seine heißgeliebte "Molly". Das junge Paar erhoffte sich nun eine glückliche Zukunft. Doch Gevatter Tod hegte andere Pläne. Bereits ein halbes Jahr später starb Auguste ebenso im Kindbett wie ihre Schwester. Und der Trauernde klagte Freund Boie seine Seelenschmerzen: "Eben so tief als einst meine unendliche Liebe, eben so tief mußte sich nun mein unendlicher Schmerz in meine Seele graben." Moritz Jahn hat in seiner Erzählung "Die Gleichen", das Liebesverhältnis zwischen diesen drei Menschen in dichterischer Größe unübertrefflich dargestellt.

Die letzten zehn Jahre verbrachte Gottfried August Bürger im Gartenhaus seines Verlegers J.Chr. Dieterich in Göttingen. Nach einem gewonnenen Gerichtsprozeß gegen Mitglieder der Familie von Uslar, schied Bürger amtsmüde aus den gräflichen Diensten. Durch Förderung einiger ihm freundschaftlich verbundenen Professoren - unter ihnen Georg Christoph Lichtenberg und Abraham Gotthelf Kästner - konnte er sich als Privatdozent an der Universität niederlassen, ja, er wurde sogar zum Magister ernannt. Bürger hielt Vorlesungen und praktische Übungen über Ästhetik, Stilistik, deutsche Sprache und Philosophie. Karl Reinhard, welcher ab 1796 Gottfried August

Bürgers "Sämtliche Schriften" (4 Bände) herausgab, sorgte auch für eine Veröffentlichung jener Vorlesungstexte u.d.T. "Lehrbuch der Ästhetik" (1825) und "Lehrbuch des deutschen Stils" (1826).
Von den wenigen Ehrungen, die Bürger zuteil wurden, gehört eine Festrede, die er zum 50jährigen Jubiläum der Universität Göttingen 1787 halten durfte. Hierbei wurde er mit dem "Doktor der Philosophie" ausgezeichnet, zwei Jahre später zum unbesoldeten Professor für Ästhetik (Literatur, Philologie, Geschichte und Philosophie) ernannt. Als Vorlesungsthema wählte er vor allem "Die Hauptmomente der Kantischen Philosophie". Da Bürger "gratis und frustra" (erzwungener Verzicht) lesen mußte, empfing er lediglich Hörgelder, mußte weiterhin Bittbriefe schreiben, sich unterordnen, zumal ihm das Magisterexamen und eine lateinische Disputation fehlten. Als Außenseiter wurde er von vielen Kollegen nicht ernst genommen, und schuf sich deshalb noch mehr Gegner als er sich mit seiner Forderung"Über Anweisung zur deutschen Sprache und Schreibart auf Universitäten", für größere Anwendung der deutschen Sprache einsetzte, sowie für einen besseren deutschen Stil der Juristen.
Aus diesen Gründen veröffentlichte Gottfried August Bürger seine "Wunderbare Reise zu Wasser und zu Lande, Feldzüge und lustige Abenteuer des Freiherrn von Münchhausen" anonym. Zu der guten Übersetzung und Überarbeitung des Werkes von Rudolf Erich Raspe aus dem Englischen, erfand er noch manch eigene lustige Jagdgeschichte wie den "Entenfang" oder "Ritt auf der Kanonenkugel". Bis heute gehört der "Münchhausen" zu den beliebtesten deutschen Volksbüchern.
Noch einmal narrte das Schicksal den 41jährigen. Die später allgemein als "Schwabenmädchen" bezeichnete Elise Hahn hatte in der Stuttgarter Wochenschrift "Der Beobachter" ein anonymes Gedicht "An den Dichter Bürger" verfaßt, in dem sie ihm ihre Liebe offenbarte. Zwar

schrieb Bürger ihr - nachdem er ihre Adresse erfahren hatte - offen über sich und seinen Lebensweg, reiste zu ihr und heiratete sie 1790 trotz Bedenken guter Freunde. Elise betrog ihren Mann bereits in der ersten Ehewoche. Er wurde zum Gespött in der Göttinger Gesellschaft und ließ sich eineinhalb Jahre später von ihr scheiden.
Auch wenn Friedrich Schiller nach Bürgers Tod rief:"Er war wert, sich selbst zu vollenden, um etwas Vollendetes zu leisten", konnte er nicht mehr den großen geistigen Schlag mildern, den er in einer anonymen Kritik ausgeteilt hatte, in dem er Bürger und seine Gedichte ungerecht beurteilte: "...daß der Geist kein gereifter,kein vollendeter Geist sei..." und daß er zum Volk hinabsteige , "anstatt es scherzend und spielend zu sich hinaufzuziehen".
Letzte Versuche "aus dem Morast des Elends herauszufinden" wagte Bürger 1793 mit Bittschriften an die Hannoversche Regierung. Auch bat er Professor Heyne um Hilfe, da auch der Verkauf seines Landbesitzes nutzlos war(die Gelder wurden erst nach Bürgers Tod ausgezahlt!). Er erhielt einige Taler von der Regierung als Gnadengeschenk und wohl einige von Professor Heyne privat. Gebrochen an Leib und Seele starb Gottfried August Bürger am 8,Juni 1794 an der Schwindsucht. Sein Grab auf dem Bartholomäi-Friedhof in Göttingen ist unbekannt. Doch ein Gedenkstein von 1895 erinnert an den großen deutschen Volksdichter, welcher das damals fast vergessene Sonett formvollendet neu belebte, und der mit mehreren seiner Balladen in die Geschichte der Weltliteratur einging, etwa - außer der schon erwähnten "Lenore" - mit "Der wilde Jäger" - "Das Lied vom braven Mann" oder "Der Kaiser und der Abt".

Beethovens Lehrmeister

Christian Gottlob Neefe
zum 250.Geburtstag und 200.Todestag

In den ersten Wochen des noch jungen Jahres 1998 können die Musikfreunde innerhalb von 10 Tagen gleich zweimal des mitteldeutschen Komponisten Christian Gottlob Neefe gedenken. Am 26.Januar 1798 starb er in Dessau,am 5.Februar 1748 erblickte er in Chemnitz das Licht der Welt.
Zwar studierte Neefe zunächst in Leipzig Jura, widmete sich jedoch nach bestandenem Examen fortan gänzlich der Musik. Er war Schüler des Leipziger Kapellmeisters Johann Adam Hiller (auch Hüller), welcher damals durch seine Gewandhauskonzerte berühmt war.
1776 wurde Christian Gottlob Neefe Musikdirektor der Seylerschen Theatergesellschaft. Als diese in Konkurs geriet, stellte ihn Max Friedrich von der Großmann-Helmuthschen Theatergruppe im Kurfürstlichen Nationaltheater zu Bonn an. 1781 zum Vizehoforganist ernannt, wurde er ein Jahr später als Nachfolger von Van den Eeden Hoforganist.
In jener Zeit war Neefe Ludwig van Beethovens Musiklehrer. Rasch erkannte er die ungewöhnliche Begabung seines jungen Schülers. An ein Hamburger Magazin schrieb er: "Dieses junge Genie verdient Unterstützung, daß er reisen könnte. Er würde gewiß ein zweiter Wolfgang Amadeus Mozart werden, wenn er so fortschritte wie er angefangen".
Bald durfte Beethoven sogar Neefe amtlich an der Orgel vertreten. 1796 wurde Neefe noch Theaterkapellmeister der Bossanischen Theatergesellschaft in Dessau.
Christian Gottlob Neefes Kompositionen, vor allem Singspiele und Chorwerke, Opern und Operetten, waren allgemein vom Erfolg gekrönt. Die Uraufführungen fanden in verschiedenen deutschen Städten statt: "Die Apotheke" 1771 in Berlin. "Amors Guckkasten" 1772 in Königsberg,

"Adelheid von Weltheim" 1780 in Frankfurt am Main und das Monodram "Sophonisbe" 1778 in Mannheim.
In "Adelheid von Weltheim" versuchte Neefe bereits fortschrittlich "durch gehobenen Inhalt und größere Form" das Singspiel zu erweitern. So deutet (auch durch den morgenländischen Inhalt) diese Oper wie ein Hauch von Vorahnung schon auf Mozarts "Entführung aus dem Serail" hin.
Von Neefes Vokalwerken seien genannt: "Klopstocks Oden mit Melodien" (Flensburg 1776) - "Vadamecum für Liebhaber des Gesangs und Klaviers" (1780) und "Bilder und Träume" (1798), (beide in Leipzig uraufgeführt). Außerdem komponierte er Instrumentalmusik für Klavier. Schließlich schuf Neefe Klavierauszüge, vor allem von Mozartopern und übersetzte Librettos italienischer und französischer Opern in die deutsche Sprache.

Üb immer Treu und Redlichkeit

Ludwig Hölty zum 220. Todestag

Freunde der Lyrik denken beim Hören des Namens "Hainbund" oder "Göttinger Hain" spontan an den feinsinnigen Dichter Ludwig Hölty. Und in der Tat ist der am 21.Dezember 1748 in Mariensee bei Hannover (heute Teilort von Neustadt am Rübenberge) geborene "zarteste der norddeutschen Lyriker (G.F.Hering) unter den Bundessängern des "Hain" der bedeutendste und neben Johann Heinrich Voß der heute noch bekannteste - vor allem aber ist er "ein Liebling der Jugend geblieben" (Adolf Bartels).
Hölty gilt neben Gottfried August Bürger als Begründer der neuen deutschen Ballade (zum Beispiel: "Töffel und Käte"). Seine melodisch beschwingten Zeilen

"Die Vögel höhen ihren Sang,
Der ganze Buchenhain
wird süßer, süßer Silberklang,
Und Bäche murmeln drein",

seine wie Aquarell gemalten Verse

"Röter blühet Tal und Au,
Grüner wird der Wasen...",

die zum Komponieren von Liedern geradezu einladen, die so leichtfüßig und herzgemut dahertändeln.

"Ein Reihentanz von ewig jungen Freuden
Umschlingt den lieben langen Tag!

trugen ebenso dazu bei, auch nach über zwei Jahrhunderten als Dichter nicht vergessen zu sein, wie die rhythmisch bezaubernden Hymnen "An die Morgensonne".

"Dämmrung kleidet den Hain in ihr graues Gewand,
Und die Kerzen der Nacht,die den Himmel beglänzt,
Legen den Schleier an..."

und "An den Mond".

"Freundlich ist deine Stirn,
helles Auge der Nacht,

Weiß bekleideter Mond,
lächelnd ist deine Wang,
Holder Wolkenbewandler..."

Und die in sanfter Wehmut geschriebene Elegie "Bei dem Grab meines Vaters".

"Selig alle, die im Herrn entschliefen;
Selig, Vater, selig bist auch du!
Engel brachten dir den Kranz, und riefen;
Und du gingst in Gottes Ruh";

von Eduard Engel als "eines der schönsten Grabeslieder deutscher Poesie" bezeichnet.

Selbst als ein neuzeitlicher Minnesänger wurde Hölty im 18.+19.Jahrhundert geehrt: Sein "Minnelied" verströmt Reiz und Innigkeit:

"Doch baß (sehr) ist noch ein reines Weib,
Von Seele gut und schön von Leib,
In ihrer Jugendblüte.
Wir lassen alle Blumen stehn,
Das liebe Weibchen anzusehn,
Und freun uns ihrer Güte."

Oder Hölty preist "Die Seligkeit der Liebenden".

"Beglückt, beglückt, wer die Geliebte findet,
Die seinen Jugendtraum begrüßt;
Wenn Arm um Arm, und Geist um Geist sich windet,
Und Seel in Seele sich ergießt!"

Und wer hörte nicht irgendwann im Leben die "Aufmunterung zur Freude".

"Wer wollte sich mit Grillen plagen,
So lang uns Lenz und Jugend blühn..."

oder die besinnlichen Verse von den "Lebenspflichten".

"Rosen auf den Weg gestreut.
Und des Harms vergessen!
Eine kleine Spanne Zeit
Ward uns zugemessen."

Wie gern sangen wir in der Jugend das "Mailied":

"Der Schnee zerrinnt.
Der Mai beginnt..."

Und schon in der Schule lernten wir die Worte, die "Der alte Landmann an seinen Sohn" sprach:

"Üb immer Treu und Redlichkeit,
Bis an dein kühles Grab;
Und weiche keinen Fingerbreit
Von Gottes Wegen ab..."

Dies alles und noch viel mehr sind die Aussagen des Ludwig Christoph Heinrich Hölty. An der Stelle seines Geburtshauses in der Schulstraße 22 erinnert ein Denkmal an Mariensees berühmtesten Sohn. Doch den sechzehnjährigen Jüngling finden wir bereits in Celle, wo er bis 1769 die Lateinschule in der Kalandgasse besuchte. Anschließend studierte er wie sein der Literatur aufgeschlossener Vater, der Pastor Philipp Ernst Hölty, Theologie an der Georgia Augusta Universität zu Göttingen, aber auch neue Sprache, und er schrieb erste lyrische Texte.

Ab 1772 war Hölty als Hauslehrer und Übersetzer tätig.Er wohnte im Hause 17 der Göttinger Nikolaistraße. In jenem Jahr fanden sich auf Initiative des Christian Heinrich Boie an einem Abend im Herbst in einem Wäldchen am Hang über der Stadt, einige junge Dichter zusammen, unter ihnen die Grafen Stolberg, Johann Heinrich Voß und eben Ludwig Hölty, den Georg Christoph Lichtenberg als einziges "Wahres Dichtergenie" des "Hain" bewunderte. Sie verehrten Klopstock und wählten seine Ode "Der Hügel und der Hain", sowie die Stadt, in der sie studierten, als Paten für den Namen ihres neuen Bundes: "Göttinger Hain".

Zwar hatte Boie schon Gedichte Höltys in seinem "Göttinger Musenalmanach" veröffentlicht, aber eine Sammlung seiner Gedichte gab erst A.F. Geißler ab 1782 heraus. Der Dichter selbst war nicht mehr in der Lage dazu,denn übermäßige Arbeit und auch eine unglückliche Liebe zehrten so sehr an Höltys physischen und psychischen Kräften, daß er - an Lungen-Tbc erkrankt - sich ab 1775 von J.G.

Zimmermann in Hannover behandeln ließ; leider ohne Erfolg. So starb er am 1.September 1776, nunmehr vor 220 Jahren, im Hause Leinstraße 8. Auf dem hannoverschen Nikolaifriedhof wurde der nur 28jährige Poet, den Lenau "Freund des Frühlings" nannte, zur viel zu frühen letzten Ruhe gebettet. Und Eichendorffs Worte drücken wohl am denkwürdigsten aus, was ihm das Schicksal bestimmte:

"Höltys Poesie sind seine Todesahnungen":

"O wunderschön ist Gottes Erde,
Und wert darauf vergnügt zu sein;
Drum will ich, bis ich Asche werde,
Mich dieser schönen Erde freun!"

Friedrich Leopold Reichsgraf zu Stolberg-Stolberg

Dem Dichter aus dem Hainbund zum 250. Geburtstag

"Ländliche Ruhe, Freundschaft, Liebe kränzen
Und mit Blumen der Freude! Freiheit gibt uns
Mannsinn! aber göttlich zu leben ist das
Einige Größte!"

Diesen Sinnspruch schrieb Friedrich Leopold Graf zu Stolberg, einst neben Hölty bedeutendster Lyriker des literarischen Freundeskreises Göttinger Hainbund, ein guter Freund Goethes. Leider ist der Dichter heute nur noch wenig bekannt. Dennoch ist sicherlich manchem der Satz vertraut: "Sohn, da hast du meinen Speer!" oder Schubert-Freunden das Lied "Mitten im Schimmer der spiegelnden Wellen". Vielleicht blieb auch das poesiereiche Gedicht "Süße, heilige Natur, laß mich gehn auf deiner Spur", in Erinnerung. Alle diese Texte stammen von dem am 7.November 1750 auf Schloß Bramstedt in Holstein geborenen Friedrich Leopold Graf zu Stolberg. Häufig trat er mit seinem Bruder Christian auf, welcher ebenfalls poetisch begabt war wie die Schwestern Henriette Katharina und Goethes Brieffreundin Auguste.

Vater dieses literarischen Quartetts war der dänische Geheimrat und Oberhofmeister der Königin Reichsgraf zu Stolberg. Wie er trat auch Friedrich Leopold nach seinen Studien der Literatur- und Rechtswissenschaft an der Universität Göttingen in dänische Dienste, 1774 als Königlicher Kammerjunker, ein Jahr später als Fürstbischöflich-lübeckischer Minister am dänischen Hof, und ab 1777 als Lübeckisch-Oldenburger Gesandter in Kopenhagen.

Schon als Student und Mitglied des Hainbundes in Göttingen, verband Friedrich Leopold zu Stolberg "aufklärerische Empfindsamkeit mit durchaus politisch verstandener

Freiheitssehnsucht" (Jürgen Israel). Er galt als "Thyrannenhasser" der "Sturm- und Drangzeit" und strenger Widersacher der Französischen Revolution. So war es folgerichtig, daß er während der Befreiungskriege 1812-1814 noch einmal vaterländische Gedichte schrieb.
Den Brüdern Stolberg gelang es auch, eine persönliche Verbindung zwischen den Poeten des Hainbundes und deren Idol, dem Dichter Klopstock, anzuknüpfen. Besondere Freundschaft verband Friedrich Leopold Reichsgraf zu Stolberg mit dem Homer-Übersetzer Johann Heinrich Voß. Er verkehrte mit Hamann, Jacobi und Herder. 1775 begleiteten die Brüder Stolberg Goethe auf seiner Reise in die Schweiz. Sie besuchten den Literaturkritiker Johann Jakob Bodmer in Zürich und hörten Johann Kaspar Lavater predigen. Friedrich Leopold zu Stolberg besang die Geburtsstätte Wilhelm Tells. Angefügt sei eine aus heutiger Sicht humoristische Episode: Goethe badete während eines Aufenthalts in Darmstadt mit seinen Freunden Haugwitz (später preußischer Diplomat) und den Grafen zu Stolberg im dortigen Großen Woog, was einen ungeheuren Skandal auslöste.
1779 gab Heinrich Christian Boie, "Kopf" des Göttinger Hains, erste Gedichtsammlung der Brüder Stolberg heraus. 1783 folgte ein Band "Sämtliche Gedichte", 1787 "Schauspiele mit Chören". Ohne Christian erschienen von Friedrich Leopold "Jamben" (1784 und das vierbändige Werk über seine "Reise in Deutschland, der Schweiz, Italien und Sicilien" (1794), sowie die idyllische Dichtung"Die Insel" (1788). Sie entstand in jener Zeit, da Stolberg das Landgericht auf Schloß Neuenburg bei Zetel leitete (1785-1788). Ab 1781 hielt sich der Graf meist in Eutin auf (Stolberg-Str.8-10), wo er als Präsident der Regierung, aber auch als Domherr zu Lübeck wirkte.
Nach der Hochzeit 1782 mit Agnes von Witzleben blieben dem jungen Paar nur wenige glückliche Jahre. "Der stille Bach meines Lebens... ist versiegt", klagte der Dichter

nach Agnes Tod und ging als dänischer Gesandter nach Berlin. Doch fand er in Sophie von Redern 1790 ein zweites Mal eine liebenswürdige Gattin.
Im Jahre 1800 entledigte sich Friedrich Leopold Graf zu Stolberg aller Ämter. Aus "lauterer innerer Überzeugung" konvertierte er zu Pfingsten mit seiner Familie in der Hauskapelle der Fürstin Amalia von Gallitzin zum Katholizismus. Er versuchte im Glauben Ruhe zu finden. Dieser Schritt verursachte großes Aufsehen in Deutschland. Einige Freunde zogen sich von ihm zurück. Voß war so empört, daß er eine bitterböse Schrift verfaßte: "Wie ward Fritz Stolberg ein Unfreier?" Reichsgraf Stolberg zog mit den Seinen nach Münster, verbrachte die Sommermonate auf Haus Lütkenbeck bei Gremmenhofen. Er war gern gesehener Gast auf Gut Emkendorf bei Rendsburg, wo Graf Reventlow mit Frau Julia ein norddeutsches Kulturzentrum aufgebaut hatten, oder er weilte auf den Wasserschlössern Lembach bei Dorsten und Haus Brinke in Barnhausen. Als Graf Stolberg von der französischen Regierung in Münster als "Verdächtigter" beäugt wurde, siedelte er im Oktober 1812 aufs Land. Auf Wasserschloß Tatenhausen feierte er dann die Siege der verbündeten Truppen gegen Napoleon.

"Ja, Herz Europas sollst du, o Deutschland, sein..."

Friedrich Leopold Graf zu Stolberg war ein vortrefflicher Übersetzer. Schon 1788 legte er "Homers Ilias" in deutscher Sprache vor, knapp ein Jahrzehnt später "Auserlesene Gespräche des Platons", ließ "Vier Tragödien des Aeschylos" folgen (1802) und schließlich "Die Gedichte des Ossion" aus dem Englischen "des Herrn Macpherson". Auch auf kirchenhistorischem Gebiet vollbrachte er bemerkenswerte Leistungen. Den "Zwo Schriften des heiligen Augustinus von der wahren Religion und von den Sitten der Katholischen Kirche" (1803) ließ er eine "Geschichte der Religion Jesu Christi" folgen. Mit diesem Meisterwerk schuf Stolberg die erste Katholische Kirchengeschichte.

Seine letzten Lebensjahre verbrachte der Dichter auf Schloß Sondermühlen bei Melle. Friedrich Leopold Reichsgraf zu Stolberg-Stolberg starb dort am 5.Dezember 1819 und wurde wunschgemäß im Wald-Friedhof von Hörste-Stockkämpen bei Halle in Westfalen begraben. Vielleicht raunt uns dort auch heute noch der Hain des Dichters Lied zu:

"Ich bin! des freuet sich mein Herz!
Ich bin und werde sein!
Ein Stäubchen ist des Lebens Schmerz,
Gesehn im Sonnenschein."

Register

Inhaltsverzeichnis

Ausklang

Alle Essays erschienen bereits in Zeitungen oder Zeitschriften, bzw. in Anthologien oder Jahrbüchern.
Im Allgemeinen sind zitierte Aussagen durch Anführungszeichen ("...") gekennzeichnet. Dahinter folgt - soweit bekannt - der Name des Verfassers. Handelt es sich um Persönlichkeiten, über welche dieser Text geschrieben wurde, wird dies nur mit Anführungszeichen erkennbar (ohne Name).

Quellenverzeichnis

Verwendete Literaturgeschichtliche Werke und Lexika werden hier in Kurzform genannt. Ein ausführlicheres Verzeichnis wird dem letzten Band dieses Werkes angefügt.

Adolf **Bartels:** Weltliteratur (1918)

Ludwig **Bechstein / **Karl Theodor **Gaedertz:** 300 Bildnisse und Lebensabrisse berühmter deutscher Männer. 1890.

Eduard **Engel:** Kurzgefaßte Deutsche Literaturgeschichte. 1911.

Paul **Fechter:** Geschichte der deutschen Literatur. 1941.

J. **Howald:** Geschichte der deutschen Literatur. 1903.

Wolfgang **Kayser:** Kleines Literarisches Lexikon. 1953.

Heinz **Kindermann** / Margarete **Dietrich**; überarb. von Ernst **Johann.** 1958.Lexikon der deutschen Literatur.

Meyers Handbuch über die Literatur. 1970.

Fred und Gabriele **Oberhauser:** Literarischer Führer durch Deutschland. 1983. (BR Deutschland u.Berlin).

Fred **Oberhauser** / Axel **Kahrs:**Literarischer Führer Deutschland (gesamte BR Deutschland). 2008.

Georg **Ried:** Wesen und Werden der deutschen Dichtung.1960.

Friedrich **Vogt** / Max **Koch:** Geschichte der deutschen Literatur. 1904.

Hugo **Weber:** Deutsche Sprache und Dichtung. Neu bearb.von Hermann **Schillmann.** 1909.
Hugo **Weber** : Deutsche Sprache und Dichtung. Hrsg. von Richard **Reisig.** 1939.

sowie

Meyers grosses Taschen Lexikon. 1995.
Brockhaus. Die Enzyklopädie. 2001
Brockhaus Riemann: Musiklexikon. Hrsg. von Carl **Dahlhaus** und Hans Heinrich **Eggebrecht.** 1995.

Die Abbildungen der "Porträts-gezeichnet und geschnitten von Hugo **Bürkner**" - stammen aus dem Buch: "Dreihundert Bildnisse und Lebensabrisse berühmter deutscher Männer". 5., verb. u. vermehrte Aufl. Georg **Wigands** Verlag. 1890.

Die Porträts auf dem Einband stellen dar: Christoph Martin Wieland (oben links) - Immanuel Kant (unten links) - Johann Heinrich Pestalozzi (unten rechts).